超渡莊子

人渣文本（周偉航）x Rita C 著

推薦序

楚影：

我不是你，我不知道你會不會看；但如果你是我，你會從中得到許多寶貴啓示。

哲學新媒體：

哲學不容易，用遊戲與故事讓人了解哲學經典更是困難。這本書竟然一次就做到了。

SOSreader：

在實體圖書市場不斷衰退的浪潮下，除了「低到脫褲」的版稅、萬年不變的稿費外，寫作者們還可以用什麼方式求生？當這些寫作者不斷探索創作的極限，努力書寫優質作品時，低薪工時長等困境卻仍然持存在。而另一方面，願意閱讀好內容的讀者仍然很多。但儘管熱情的讀者不少，市場上除了「購買書籍」以外通常找不到其他合適的商品，無法將上述喜好轉為消費的力量。

夢田文創的《超渡莊子》計畫，便是設法改變產業困境的一種嘗試，SOSreader很榮幸能夠參與其中，一起找到另一套有效的方法讓內容被討論、被聚焦，並增加被消費的可能性，以回饋創作者持續生產優質的內容。

這整個計畫期望不只以「一本書」為前提，而是以更宏觀的角度去構思「文本生態圈」。從人渣文本周偉航老師在網路平台上一邊發表創作並接受讀者付費訂閱開始，一直到發展出實體圖書的出版，甚至小說和舞台劇的演出，讓讀者除了能夠購買一本好書，還能以其他具體行為支持創作，開啓一種全新的閱讀體驗。

序

本書是由「夢田文創」發起之「文本生態圈」類作品之一。文本生態圈的概念，是由單一創作者發展出特定故事或創意後，授權於散文、小說、遊戲、戲劇等不同領域應用，且各領域的文本將保有某種程度的發展自由，不單純是「翻拍」、「小說版」、「電影版」而已。

不如就由「超渡莊子」的實際誕生過程為例。本故事的核心創意，僅有「依照《莊子》一書內容去設計的密室脫逃遊戲」這樣的一句話，而其真正發想者，是知名劇團「故事工廠」的黃致凱導演。黃導演在「超渡莊子」踏出第一步之前，就已開始利用上述的核心創意，撰寫「莊子兵法」此一劇本，並計劃於二〇一七年九月演出。

透過夢田文創的轉介，筆者於在二〇一七年二月第一次接觸到相關創意，並且瞭解到其推展「一源多用」的「文本生態圈」企圖。因筆者工作團隊的哲學專長正好能處理相關議題，於是在夢田方面的授權之下，展開「超渡莊子」的專案計劃。

雖然可在黃導演的劇本基礎下來發展故事內容，但筆者選擇僅利用「依照《莊子》一書內容去設計的密室脫逃遊戲」此核心創意，自行發展出全然不同的故事。我建議讀者朋友可以比對「超渡莊子」（本書）和「莊子兵法」（劇場）的異同，相信就更能瞭解「文本生態圈」的高彈性與概念聯結。

我將「超渡莊子」定義為學習性的益智遊戲，也是學習莊子的入門工具，但和過往所有的入門書都不同。讀者需要進行關卡挑戰，在挑戰的過程中試著利用3C工具去尋找「脫逃」（破解）方法；當然，每篇最後也會附上解答。

「超渡莊子」的推展可分為兩個階段。第一階段是網路互動，我利用當前新媒體發展出來的技術，先採網路集資平台進行募資，並與出資者進行十二關的對戰式贈獎遊戲。在這個過程中，我得以掌控一般讀者對於莊子的理解能力，並且不斷調整難度。本階段已經於二〇一七年的五月結束。

匯集了足夠資訊之後，我將整個遊戲過程擴張為二十關，並加上小說式的脈絡，而成為了第二階段：就是你眼前的這本書。原先在第一階段中只具人名，缺乏個性，單純是為了輔助玩家過關的NPC（非玩家角色），在第二階段搖身一變，成為了串起故事軸心的角色。

這雖然無法讓「超渡莊子」變成全然不同的產品，但相信更能讓讀者在入門莊學之餘，還能體會本專案的深意：人生就像一間間被鎖上的密室。若想脫逃，或許你該參考莊子的提議。

奇蝦工作室　**周偉航**（人渣文本）

導讀

「讓你四個小時內懂莊子！」

這是本書故事中假想樂園的標語，也是這本書的企圖。當然，這個「懂」，不是那種萬事通的懂，而是一種心境，讓你可以在現實生活中快速切換成莊子的思維模式。

這就像安裝一個「莊子APP」在你的腦裡，而所費的時間，大約是四小時，也就是你輕鬆閱讀這本書所花的時間。這本書將透過「密室脱逃遊戲」的方式來進行這應用程式的安裝；而「密室脱逃遊戲」，是將玩家放在一個限定的空間中，只有達成過關條件，才能離開。而超渡莊子密室脱逃遊戲，就是以莊子原書的線索為過關條件。

當然，你可以懷疑這麼速成的體驗，所學到的東西會是「真的莊子」嗎？或許「莊子本人對此也感到相當緊張」。但別忘了，本書不是「超譯莊子」，更非「註譯莊子」，而是「超渡莊子」，看完之後，你應該會把這真真假假的問題放下。如果還有執著，那就是「超渡」得不夠，值得再回頭多渡幾次。

本書其實是「超渡莊子」的第二階段，而第一階段是利用網站互動機制進行的遊戲，也存在輔助玩家進行遊戲的四個 NPC（非玩家角色），而在本書中，這四個角色都將擁有獨立的人格與故事線，並且和各密室的通關要素產生互動。本書也增加第五位角色，這個新成員會以第一人稱視角，協助讀者融入故事的內容。

為了避免過多無益的訊息干擾，本書會將圖像類的符號減到最低，而純以文字來和讀者進行「對決」，你只要注意文字的細節，就有機會找到出路。當然，「不要執著」，或許是打開一切的萬用鑰匙。

超渡莊子

目錄

第零密室

知盛交出手中的票。工作人員接過，在「超渡莊子」那格蓋了個章，把票還給了他。

「先生，裡面會用到智慧型手機，但禁止攝影喔。」

「好。」

知盛拿著票，站在門口發呆。那工作人員用手往左一指，示意他穿過布簾。他側身擠過兩塊幾乎垂地的深藍帆布之間，後頭是個玄關樣的小房間，幾個遊客已經等在那。有椅子，但沒人坐。

知盛看見有個同事也在。兩人點頭示意。是那個倉儲課的男生。房間還有一男兩女，都不認識。穿全綠制服的女工作人員也從布簾處進來。

「各位超渡莊子的玩家們大家好，我是導覽員Rita，今天會由我來引導你們進行遊戲。在移動前，我要先說明的是，超渡莊子是個密室脫逃遊戲，需要遊客組隊參加，那我們規定是每五個成人為一組，依到場順序隨機分隊，也就是當這間等待室的人滿五位時，就可以出發去冒險囉！而我們現場已經有五位玩家了，想請問就這五位組隊，各位是否接受呢？」

眾人面面相覷。她又補了句：「我們的密室設計，是越不熟的人組隊，會越好玩哦！大家出身背景不同，比較能找到線索。大家覺得在場的玩家們OK嗎？」

知盛是沒意見。

「如果大家都不表示意見，那我就當大家同意囉！」她沒讓人有思考的時間。這應該是SOP。

「我來說明一下進行流程。接下來，我會帶大家到休息室，那邊有座椅和茶水，你們在各密室間移動時，可以在那邊休息五分鐘。休息室也有廁所。大家就確定這樣組隊嗎？沒意見的話，那我們出發囉！」

她走向一道和牆同樣是深黑色的金屬門，用磁卡開鎖，推門進去了。知盛和四人乖乖跟上。門後是條照明充足的草綠色走廊，兩側的牆，間隔一段距離就可看到一扇門，門上都有編號。那導覽員東繞西轉，最後在標明「休息室」的門前停下。

「這間就是休息室囉。我們的場地像迷宮一樣，所以都是由我來帶你們在各密室間移動。」

她開門後，五人一一進入。這休息室大約有十幾坪，擺了五張大的按摩椅，也有冰箱，流理台上擺滿餅乾、飲料、水果。還有獨立的男女廁所。就像沒有床的小套房。那兩個女生一進門，就認真看著牆上的使用說明。

Rita等眾人的注意力重回她身上，才繼續說明：「我現在要簡單說明超渡莊子進行方式，而每一間密室的具體規則，進去之後會有廣播系統告訴你們。對以上的說明，各位是否有想進一步瞭解的呢？」她停了幾秒，五人都沒意見。

「好，那我再說下去。這休息室的飲食都可以自由享用，我們每次進來是五分鐘，五分鐘之後會清場，由我帶你們去下一間密室。理論上你們在這邊不會碰到其他玩家，我們會錯開你們的使用時間。一次遊戲共有十二間密室可以闖關，通關者可以得到精美的大獎喔！全過需要約四個小時，但多數玩家會提前離場或淘汰，所以平均遊戲時間大約是兩小時左右。對於以上的說明，大家都OK嗎？」

類。

還是沒人發問。知盛認為那兩位女玩家根本沒在聽。她們一直在細語討論免費飲料的種類。

「好，你們五位會一起闖關，只要一人過關，其他人也可以一起過關。但如果你要中途離場，可以隨時對著密室的鐵門的門把喊『我要放棄』，廣播系統和你確認完畢後，就會由我，來帶你離場，剩下的人可以繼續闖關。但我要提醒各位，就算有人成功闖完十二關，提前離場者也是拿不到最後大獎哦！我們的設計是只剩一人也能闖關，但越少人，會越辛苦。每間密室如果卡關超過一小時，就等同失敗，我們也會請你們提前離場哦！」

見五人面無表情，她拉高音量：「我剛剛說的相關內容，這面牆上的公告欄都有寫，」她指著貼了一堆A4紙的牆面。「如果各位有疑問，請現在提出，之後就要請各位自己慢慢細看這些公告囉！」

眾人依然冷漠。

她苦笑：「接下來我會離開五分鐘，這段時間各位可以在這休息，我建議大家彼此簡單自我介紹，才會更容易闖關哦。如果各位想提前出發，也可以對這鐵門的門把，就是這裡，喊說：『我們要提前出發了』我就會來帶各位前往第一間密室喔！順帶告訴各位，這場地中的每個門把都是感應式對講機。啊對了，我建議各位出發前要上個廁所，因為密室裡沒有廁所，如果內急憋不住而放棄，實在很可惜哦！我們等會見！」

背書般的唸完整串，她沒等眾人回應，就消失在鐵門後。門緩緩關上，五人互看。應該是獨自一人參加的粗勇阿伯先發難：「不好意思，我先去上個廁所好了。」眾人客套的點點頭，氣氛有點緩解。

「我不知道這是要幹嘛捏。我是看門票上面有這一格，就來了，沒想到居然要玩兩個小時。不過排其他的，也是要一兩個小時啦！」講話的是倉儲課的那傢伙。他好像在裝可愛。知盛和這人不熟，只知道公司有這人。他連出來玩，都還是穿著上班式樣的白襯衫黑西褲，顯然也是個怪咖。

短髮小姐順著這話題：「我是因為我妹讀中文系……對了我們是姊妹，」她伸手指旁邊那個女大學生模樣的，「我想說我妹讀中文系，可能會比較好過關，所以就來了。我也是進來才知道一趟要兩個小時。不過有準備吃的，還算不錯。」

她妹查看完現場擺放的飲料與食物後，就一直在專心在滑 iPad。「有 WiFi。」她低聲告訴姊姊。

「我們要不要等那位大哥出來，再分別自我介紹？還是等大家都先上過廁所？」倉儲課的傢伙能壓得住場。他應是五人中年紀第二小的吧？

「我現在還不用。」「我也不用。」兩位女士都很客氣。

「我也不用。謝謝。」知盛也不打算動。

「其實我也不用。那就等大哥出來吧！」

話聲才落，那大哥就邊擦手邊走出來了。倉儲弟拍起馬屁：「哇，大哥猛喔，這麼快！」

「哈哈，四十五歲不能只剩一隻嘴啦！」是硬切成國語模式。那大哥的 POLO 衫有著洗淡的油漬，但比起嚴重汙損的過膝短褲，仍算是新。妙的是，他還搭了螢光的NIKE慢跑鞋。

是為了出來玩，特別穿的吧。知盛就默默笑看那兩個男人嘻嘻哈哈的熱絡起來，而兩姊妹是靠站在房間的另一側。那大哥察覺了，轉頭問：「啊，剛剛大家是有討論什麼？」

那大姊說：「還沒講到什麼，就想說，要不要大家先自我介紹，認識一下，看每個人的學經歷對這個遊戲有沒有幫助。」

知盛發現那大姊好像偷加了點個人意見。

大哥先開始了：「好哇！我姓郭，郭子儀的郭，屏東的屏，書本的書，名字很有氣質啦，但本人沒有啦，哈哈。我是和我老婆小孩一起來玩，可是她們都在排那個要排超久的，什麼飛天魔的，還有神什麼車的。我想那些都是兩個人一排的位子，我去也是要和別人坐一起，就很奇怪，所以找看看有沒有可以吹冷氣的地方。我看這個好像是室內的，所以就來了啦！哈哈！」

倉儲弟馬上補了句：「我也是來吹冷氣的ㄟ！」

「對呀，外面太曬了啦！喝飲料又貴。沒想到這邊有免錢的可以喝耶！」阿伯頓了一下，「啊對了，我雖然名字有書，可是一直不會讀書，這個莊子喔，我好像高中還是國中以後就沒有看過了，我是沒概念啦！我退伍以後就一直在南部做乾貨批發，就是南北貨那種，所以齁，動腦可能要靠你們啦，不過要力氣，我還是有！因為有在搬貨。」他指了手臂。

「大哥，注意看才發現你整個人都很厚喔！這個手臂看起來有夠猛，我看不要叫大哥，改叫猛哥好了啦！」

「啊哈哈，沒有那麼猛啦！那阿弟，你怎麼稱呼？」

「我叫李甫蒔，李就是木子李，但名的部分比較少見，很難說明耶，不過在公司，大家都叫『儲』，儲存的儲。因為大家原來是叫我『倉儲課的』，然後變『倉儲的』、『倉儲ㄦ』，最後就變成『儲』啦。其實他們這樣叫，是因為唸起來有像『豬』啦！比較親切啦！你們就叫我儲或豬都好，我比較會有反應。

我是參加公司團體旅遊才會來這個遊樂園。我會進來這個莊子的，也是來吹冷氣啦！對了，我和這位白T恤的先生……」手刀比向了知盛，「是同公司的。不過我是倉儲課，他是管理處的長官。我大學是學企管的，所以對莊子也不太行，不過有修過幾門這種思想的東西，所以幫忙查查資料，應該沒有問題。」

那姊姊指著妹妹：「查資料叫我妹來就好了，她超會google的。」妹妹沒講話，但賞了老姊白眼。

姊姊於是雙手合十的自介：「大家好，我叫余姿琪，姿色的姿，王其琪，我是音樂老師，但不是在學校教，是在外面開音樂教室，專門教小朋友。就這樣。」

「所以就稱呼您音樂老師，可以嗎？」儲也雙手合十的反問。

「這樣叫會不會怪怪？感覺好像是學生才會這樣叫？」她笑著抓抓頭。

「不會不會。」「這樣很好，本來就是老師嘛！」猛哥和儲嘻嘻哈哈的。

音樂老師補充：「今天是我們一家人出來玩，爸媽走累了，跑去餐廳那邊喝咖啡看風景，所以我們就來看看這裡是玩什麼。我是學音樂的，所以要過關不能靠我哦！要靠我妹啦！她中文系的。」順勢把妹妹推了出來。

「我是她的妹妹，余姿璇，今年升大三。我不是本來就讀中文系，我是法律雙修中文啦！中文系才讀一年。我沒修過莊子的課，就有一點概念而已。有必要我可以幫忙查資料庫，剛剛我試 WiFi 了，看起來蠻順的。」她外表是沉默型，但講起來也是一串。

猛哥問：「所以就叫你妹妹就好囉？」

音樂老師惡意的笑：「叫老妹好了！」

「妳才老妹咧！」妹妹情緒轉變也快。

「啊，」音樂老師突然想到：「不然叫她意麵小妹好了，她剛才進來就看到那邊有鍋燒意麵可以煮，就一直跟我說等下要煮來吃。嗨，意麵妹！」

「還是叫妹妹好了啦！叫妹妹，應該比較不會有爭議？」儲出面解救意麵妹。

「嗯沒關係，反正我年紀看來是最小的？只有我還在讀書吧？」

知盛覺得這對姊妹似乎有著不小的年齡差距，但觀察久了，才發現是財富差距。姊姊穿得像是在米蘭渡假的空姐，身周凝結著清冷的香水味；妹妹卻是寬版T恤、牛仔褲，GP涼鞋，雙背運動背包，完全是剛從宿舍走出來的宅妹。

輪到知盛。

「大家好，我叫曾知盛，和這位李先生是同一個公司的，今天……」

鐵門突然跳開，導覽員闖了進來，直接打斷知盛的話：「抱歉，五分鐘的時間到囉，我們要來進第一間密室囉！如果還沒聊完，在第一關裡，會有很長、很多、很久的時間可以聊。

不重要的東西和飲食可以放在門口旁的暫時置物櫃，貴重物品請隨身攜帶。提醒各位有可上網的手機、平板，或電腦，也一併帶著。跟我來。」

第一密室

白房

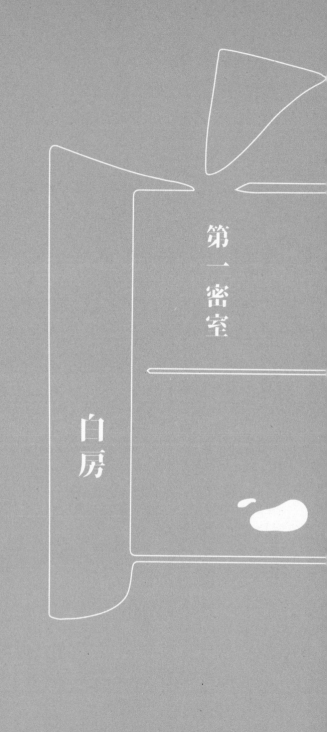

那導覽員才帶他們走出房門，隨即抵達第一間密室：正是休息室對面的那一間。不用十秒，全員移動完成。導覽員確定五位玩家都進入房間，隨即退出門外，說：

「我等下門一關，遊戲就開始囉！請參考廣播的指示哦！各位可以用3C設備找資料，不然沒辦法解題哦！還有這裡不能攝影，我們發現會立刻中斷遊戲，並請各位離場哦！」

「瞭解。」儲代其他人回答。

「那祝各位順利成功！現在時間一點三十一分，你們有一小時的脫逃時間，請開始。」

鐵門帶上的下一秒，就從門板傳出了老男人的聲音：

歡迎各位來到第一關，也就是第一間密室。我是這個樂園的擁有者，我名叫馬哈不拉幾，這名字很奇怪，但和通關條件沒有任何關係，所以你不用去查我的名字有什麼意義。

這間密室已經鎖上，你要離開這間密室，必須做某些事，並且對著唯一出入口的門把低聲說明之所以這樣做的理由。如果答案正確，門會打開。接著是與脫逃可能相關的密室資訊。

這房間的室內高度是三公尺，長寬都是十公尺，四面牆、天花板與地板均是乳白色的。這房間除了出入的唯一鐵門之外，並沒有其他門窗。你可以試圖撞門或破門，但那不是正確的破解方式。照明來自天花板的一支兩呎白光日光燈，空調則是來自門上一個十乘十公分的出風口。

在房間正中央的地板上，有個長寬高都是一尺的魚缸，內有透明的水八分滿，裡頭有一隻長十公分的小溪魚，牠正活力十足的游動。除此之外，缸中沒有任何砂石、水草、過濾設備，是俗稱的裸缸。

最後提醒，因超渡莊子目前還在試營運期，有些牆壁的油漆工程尚未完成，牆上仍有一部分是批土，請小心沾到，害自己變成雪人。

除了我所提到的條件之外，房間中的其他細節，都與離開房間的方法無關。當然，你可以運用工具來幫助你查詢《莊子》的內容，因為只有《莊子》全書的內文線索，才能幫助你找到正確的脫逃方式。可以告訴各位的是，這一關是最高的S級難度，會和兩個以上的章節相關。

請問，你要怎麼做，才能離開這間密室？如果自覺已找到正確解答，請對著鐵門的門把說明你的行動理由，如果符合我們的標準，門就會自動開啟，會有專人帶領你們回到休息室。

廣播結束。猛哥打破尷尬：「ㄟ，他剛才說什麼？突然開始講，我聽不太懂。這個有重播嗎？」

「這好像沒有辦法重播？要叫他們重播嗎？對門口把手講可以嗎？我記得老闆說不要碰到牆壁，是油漆還沒乾嗎？」儲丟了一堆問題，但也證明他什麼都沒聽清楚。

猛哥貼近牆觀察，搖了搖頭：「不是喔！這不是沒乾，這是還沒漆，這都是批土。就是上油漆前，要先打一層底。像女生的粉底那樣的東西。有這層土，油漆才會平！」

儲似懂非懂：「喔，那還是要小心一點，怕講話忘記時會靠到牆。不過怎麼會還沒弄好就開門見客啊？」

音樂老師一直蹲在地上研究那缸魚：「我覺得要過關，應該要靠這條魚吧。牠看起來就很可疑。」知盛也打算過去觀察，但察覺她衣領太低，怕有不方便之處，又退回儲的身後。

猛哥想起了一個可能性：「啊！我知道，這個魚的我知道！莊子有那個魚快不快樂的嘛！這個很有名呀！」

可能因為年紀小，所以意麵妹是舉手發言：「這個我也知道，是什麼之辯的，就是莊子和惠施在橋上辯論魚快不快樂的。這我來查一下哦！」

音樂老師起身，左手遮著嘴，右手食指在空中亂點畫，然後似乎因為這些怪動作而有點突破：「不過我在想，這樣連結會不會太快了？這是第一關沒錯，但老闆說難度是最高級。我記得和魚相關的很多耶，會不會和什麼大鯨魚的段落有關？余姿璇，妳把《莊子》中和魚或水有關的段落，全都找出來看看吧。」

「為什麼要這樣找，這很多ㄟ，很累耶。」看來有點火大。

音樂老師作勢要搶她的 iPad：「那我來查嘛！」意麵妹轉身要阻擋，但想了兩秒，決定直接扔給姊姊。

儲也舉手，但只微微舉了一半：「不知道是不是我的職業病，我在想房間和魚缸的尺寸，會不會也有特別的意義？因為我們做倉儲的，會特別注意到東西的尺寸和空間的大小，不然有時後會放不下。當然這邊並不是放不放得下的問題。如果尺寸沒關係的話，他報告這些數據幹嘛？我記得，莊子好像是主張破除空間大小的執念，這會不會也有關係？」

猛哥「喔喔喔」的大力拍了他的肩：「老弟！你懂真多耶！你懂這麼多，辦公室的人怎麼可以叫你豬？亂叫！」

儲的態度轉變也很快：「不敢啦！也只是亂看，亂講，沒什麼概念啦！」

而手中空空的意麵妹，也開始發表個人意見：「我建議大家不要想太偏。這邊是密室，我們是要逃出去，方法是做某些事情，然後說出理由。所以我們是要做某些可以離開這房間的事。若是要動手做一些事情，那就不會只是用講的或解釋什麼吧？解釋的部分，是針對我們所做的事啊。所以我們應該想一些能做的具體行動，朝這個方向去想。那這個房間能做的，大概就是這個魚缸和魚了。那我們能用魚和魚缸做什麼呢？」

猛哥：「我記得，那個故事是覺得魚很快樂，還是怎樣？所以是讓魚覺得很快樂？或是我們對這魚缸哈哈笑？」

儲就從猛哥的問題隨意延伸：「或是要喝這魚缸水？把頭也探進去，和魚同樂？還是我們要和魚做同樣的動作，表示我們和牠一樣快樂？」

「重點是，為什麼做這些動作就可以出去？可以出去的理由是什麼？因為我們也很快樂？快樂為什麼就可以出去？」意麵妹也學儲丟出一堆問號。

但都沒人要解答。知盛沒打算參與討論，他在牆邊靜靜的摸著那些粉。眾人陷入苦思，直到音樂老師從 iPad 抬頭說：「我大概知道答案了。」

次頁解答

儲非常驚訝，有種進度條從 10% 突然衝到 95% 的感覺：「哇！是喔？該怎麼做？」

音樂老師把 iPad 交還妹妹：「這是第一間密室。我認為這一關會有特別的涵義，那特別的涵義是什麼呢？我剛剛查的過程中，發現一個故事很有意思。我覺得要解題，很有可能是要靠這個故事。」

猛哥有點驚慌：「哪個？你們講話都這個那個，有時候我都不知道哪個是哪個。」

音樂老師雙手合十，像是拜託大家：「不如就由我來做，然後我再去門口解釋。我記得他說是一個人過，就其他人都能過吧？」

儲點頭：「對。一個過就可以全過，不過妳打算怎麼做？還是我們也都一起做？」

音樂老師：「嗯應該我自己做就可以，不過我還是跟大家說明我認為的脫逃方法好了。我認為答案是要把牆壁上的粉，抹一點在自己的鼻尖上。」

她說完，還沒說理由，就去摸了一點牆上的粉，塗在自己的鼻尖。雖說了自己來就好，但其他四個人也都學她在鼻尖抹了一點白，像是有病治病，沒病強身那樣。音樂老師雖覺得好笑，但她得盡快證明這是正確答案。

她走向門，對著門把大聲喊：「我找到答案了！逃出這間密室的正確方法，就是在鼻子上抹一點牆上的白粉！」

回應也是來自門板。感覺古怪，但門板確實變成了對講機：「您好！要離開房間，除了正確的行動之外，還要告訴我們理由。請問您的理由是？」那聲音是導覽員Rita。

音樂老師拿回iPad，「理由有點長！我慢慢講！」

「您可以用正常聲量講沒關係，不需要用吼的呦。」

「喔好。我的理由很長。這一個密室和兩個莊子的章節有關，第一個就是最多人熟知的濠梁之辯。我看一下喔，這是在《莊子》裡的〈秋水〉，房間裡的這隻魚，就是要讓我們想起來這段。」

莊子與惠子遊於濠梁之上。莊子曰：「魚出遊從容，是魚樂也。」惠子曰：「子非魚，安知魚之樂？」莊子曰：「子非我，安知我不知魚之樂？」惠子曰：「我非子，固不知子矣，子固非魚也，子之不知魚之樂，全矣。」莊子曰：「請循其本。子曰汝安知魚樂云者，既已知吾知之而問我，我知之濠上也。」

「然後呢？」

「剛剛老闆說這牆還沒弄好，我就在想，這個設施有這麼新嗎？怎麼可能蓋到一半就推出呢？我注意看了地板，確定這個設施應該已經運作一段時間了，因為地板有反覆打掃擦拭的痕跡，如果還是工地，應該不會這麼認真擦或拖地，這樣做沒有意義，只要一施工馬上又會髒了。」

「很聰明哦！」

「我在想，這個房間可能還和莊子其他的部分有關。因為這個遊樂設施叫超渡莊子，老闆又是參考莊子理論來設計密室，所以呢，老闆應該會假設自己是莊子。好。莊子呢，曾自比為魚，但現場只有一條魚，就代表現場就只有莊子在而已，那**惠施**呢？惠施的線索，可能就會和沒漆好的牆壁有關。我用 iPad 找看看有提到惠施的《莊子》段落，看看是不是有和牆壁、白粉或施工中有關的。結果還真的有！」她驕傲的拿起 iPad，把這段落指給其他玩家看。

「請繼續說明哦。」

「是在〈**徐無鬼**〉這個沒什麼人知道的章節。」

莊子送葬，過惠子之墓，顧謂從者曰：「郢人堊慢其鼻端若蠅翼，使匠石斲之。匠石運斤成風，聽而斲之，盡堊而鼻不傷，郢人立不失容。宋元君聞之，召匠石曰：『嘗試為寡人為之。』匠石曰：『臣則嘗能斲之。雖然，臣之質死久矣。』自夫子之死也，吾無以為質矣，吾無與言之矣。」

「這個故事是惠施死後，莊子經過惠施的墳墓，就對徒弟說了一個楚國人的故事。這楚國人在鼻子上塗了像蒼蠅翅膀那麼薄的白粉，叫一個石匠拿斧頭去砍，那石匠大力揮下後，白粉全都被削去，楚人的鼻子卻沒有受傷，他也面不改色。宋元君聽到這事，就找來那位石匠，也要石匠表演給他看。但那石匠說，能和他搭配的那個楚國人已經死了，所以他現在已經做不到了。莊子講這故事，是說惠施死了之後，沒有人可當他對手了。」

「所以？」

「莊子和惠施，就像石匠和鼻子抹粉的楚國人。好，這樂園的老闆自比為莊子，但在這房間中只剩自己一個，因為只有一條魚嘛，很無聊。那玩家呢？玩家當然就是鼻子塗粉，來表達自己就是**惠施再世**，是專門來找莊子麻煩的，也請莊子繼續出招了。所以這一關的脫逃方法，就是鼻子抹上牆上的白粉。」

經過大約十秒的沉默，鐵門「喀」的跳開，負責導覽的 Rita 笑著走進來：

「恭喜各位囉，這就是正確解答！請隨我前往休息室。我們休息五分鐘後，就是第二間密室的挑戰囉！」

意麵妹在查看煮麵的設備。很簡單，但該有的東西都有。但她還是抱怨：「他們根本就是擺好看的嘛！只有五分鐘，怎麼煮東西吃？」

知盛沒多說什麼，打開流理檯下的櫃子，拿了個能用在電磁爐的長柄小鍋給她。

儲倒是很認真的提議：「五分鐘，煮雞絲麵應該可以啦！」

「可是我想吃意麵啊！」

儲：「這種用炸的意麵，其實也不用煮很久，也是放下去就差不多軟了。」

意麵妹依然沒動手。知盛覺得她的行動頗有趣，開始認真的觀察。

「還是妳這次煮好，下次吃？」儲頗會為女士著想。

她搖頭：「下一關如果卡了很久，不就放到爛掉了？意麵太軟也不好吃！」

猛哥插嘴：「妹妹妳要煮就要快喔！這樣討論就已經花掉兩分多鐘了！男生就會比較阿殺力，要煮就直接動手，吃不完，再說！」他講話時手刀猛揮，大家都笑了。

儲：「這休息時間感覺有點無聊，但真要做什麼事的話，感覺也不太夠。你看，還有按摩椅，不過五分鐘是要按什麼。下去就起來了，越按越緊張。」

猛哥笑著說：「應該要來個十分鐘夠！那這邊每一樣都可以吃到，變吃到飽！很划算捏！」

儲：「不過如果每次都進來等十分鐘，玩到後面可能會覺得很無聊，五分鐘上個廁所，喝個茶，通常還ＯＫ辣！」

意麵妹還是在抱怨：「就算十分鐘，還是不夠煮和吃啊！」

她姊受不了：「那妳留在這邊吃算了。」

「我才不要！而且沒有我，你們玩得下去嗎！」

「當然可以啊，第一關明明就是我過的！」

「好好好妳最行啦！」

聽她們吵鬧，會覺得是感情很好的姊妹。但知盛看著她們的肢體互動，卻像相斥的磁石，總隔著微妙的距離。

猛哥抓抓頭：「那老闆叫什麼名字？馬什麼，馬，馬馬，馬什麼？很長的？他不是台灣人嗎？這間樂園不是台灣人開的？可是聽他講話像台灣人？」

儲指著牆上的公告說：「這邊牆上有寫。牆上的遊戲規則說明落款有他的名字。」

音樂老師瞇著眼看：「**馬哈不拉幾**？這什麼意思？是密碼嗎？說不定過關會用到哦！」

她妹正翻找著其他的廚具，隨口問：「是日文嗎？」

儲搖搖頭：「好像不是。像阿拉伯文。我記得是阿拉伯文的名字，好像在客戶名單或 e-mail 有看過類似的。」

音樂老師忍不住轉頭稱許他：「ㄟ，做倉儲的，你懂真多耶，剛剛一開始我聽你講話，還以為你只是很油條的業務員之類的。沒想到你能文能武，還懂蠻多的。」

「嘴炮兩下還行啦，剛剛我也沒想出解決方法啊。還是妳心思比較細啦！」

音樂老師像是不好意思，轉頭吐槽她妹：「妳到底要不要煮麵？」

「沒時間了啦！不過這邊真的有雞絲麵耶！」她拿著箱子看說明。

儲苦笑：「我剛剛不就講了嘛。下次來，再吃吧。」

五人就這樣等著休息時間走完。

Rita開門的時間，比牆上的鐘慢了十多秒。「各位久等囉！我們已經參考各位在第一間密室的表現，替你們安排好第二間密室囉！請跟我來！」

37

第二密室

二魚房

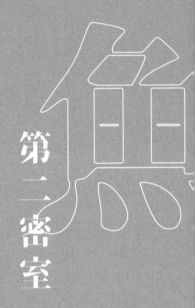

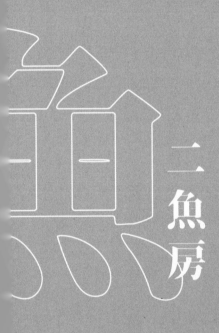

雖是第二間，但五人已像老手，進房就一字排開，站在門旁等廣播。Rita只提示了時間，就識趣的關門。廣播很快響起：

恭喜大家來到第二關，也就是第二間房，我稱之為二魚房。講話的還是我，本樂園的大老闆馬哈不拉幾。這一間房間比前一間簡單多了，屬於A級，各位心情上是否比較輕鬆呢？你們要離開這房間，就必須做某些事，同時對著唯一出入口的門把低聲說明之所以這樣做的理由。

這房間的室內高度是三公尺，長寬都是十公尺，四面牆、天花板與地板均是乳白色的。這房間除了出入的唯一鐵門之外，並沒有其他門窗。照明來自天花板的一支兩呎白光日光燈，空調則是來自門上一個十乘十公分的出風口。

在房間正中央的地板上，有個長寬高都是一尺的魚缸，內有透明的水八分滿，裡頭有「兩隻」都是長十公分的小溪魚，牠們正活力十足的游動。除此之外，缸中沒有任何砂石、水草、過濾設備，是俗稱的裸缸。

各位會驚訝於這房間和前一間幾乎完全一樣，但我要提醒你們，這房間的油漆已全數完成，所以你不用擔心沾到。

除了我所提到的條件之外，房間中所有其他細節，都與離開房間的方法無關。當然，你可以運用工具來幫助你查詢《莊子》的內容，因為只有《莊子》全書的內文線索，才能幫助你找到正確的脫逃方式。

請問，你要怎麼做，才能離開這間密室？

猛哥衝去牆邊檢查：「啊，這都已經漆好了！所以不會是相同的過關方法啦？因為牆壁漆好了，沒有粉了。總不能硬去摳掉油漆吧？」

音樂老師很關心她最愛的魚兒：「魚變兩隻了，我覺得大概就是從這裡切入吧。這間應該就不是從魚快不快樂的那一段去破解了，會和新的章節有關聯。我們還是應該把所有和魚相關的都找出來，比較看看。」

儲：「這次也會是兩個章節嗎？但老闆說比較簡單，會不會只和一個章節相關？」

音樂老師又是用左手遮嘴，像是怕人看到她在講話似的：「不論是簡單或難，至少都是要先找出一個章節吧？我想這點應該沒有異議？」

儲：「沒有。那就找吧。」

兩個女生和儲悶頭滑手機。猛哥是趴著看那兩隻魚。知盛只是站著笑。隔了一兩分鐘，依然沒人發現他不幹事。他笑得更開心了。

音樂老師這時抬頭：「我查了一下，是有兩隻魚的段落，就是**相濡以沫**這個成語由來。」

妹卻吐槽姊：「我也找到了啊，可是這一段的意思是泉水沒了，所以魚會困在陸地上，想辦法吐泡泡讓彼此濕潤。但現在這兩隻魚是在水裡，一點都不需要吐泡泡啊！應該不是這一章吧？」

和那兩隻魚混得頗熟的猛哥，倒是提出一個相對實際的方案：「還是我們要把水倒掉，讓這兩隻魚在地上？讓他們吐泡泡？相濡什麼？」

「相濡以沫。ㄟ！難不成是要我們躺在地上，吐泡泡給彼此？」意麵妹用扭曲的表情詮釋了心中的噁。

儲：「可是這樣做，為什麼可以出去啊？只是重現書中場景啊。你看前一間解題的原理，是表示說我們自己是惠施，並不只是單純重現塗鼻子的場景。所以如果要過這一間的話，應該要想，如果是惠施，他會怎麼做咧？」

意麵妹把 iPad 舉得老高，這應該是她要舉手發言的意思：「等一等！我想通了。我認為還是和相濡以沫這段有關係。你們想一下這段的內容，一想就知道了，重點並不是要吐泡泡讓彼此濕潤，莊子的意思是，你們死定了，還在拼命掙扎，一點用都沒有。所以不如忘了江湖，不要想回到水裡，直接放棄掙扎，就能解脫了。所以只要忘了某些事，應該就能出去啦！我們只要再找出該忘記什麼，就能出去了。」

音樂老師也舉手機：「原本故事是要忘記江湖？那我們應該也是要忘記江湖吧？我們的江湖是什麼呢？是說忘了這缸水和魚嗎？忘了這缸水和魚，然後呢？」她左手還是遮著嘴，越遮越滿，連鼻子都快遮住了。

猛哥的眼睛還是離不開魚，彷彿答案就寫在魚鱗上：「下一關該不會是三隻魚吧？要不要先查三隻魚的章節？」

音樂老師：「等一下先不要急！我我我我懂了！我發現答案了！忘記江湖，如果就是不管這缸水和魚，那答案就很簡單啦！」

儲：「怎麼做？要大家幫忙嗎？」
音樂老師：「一樣是我來做就好。」

次頁解答

解

音樂老師走向門，低頭對著門把說：「我先說明理由。」

「請說」。

「要離開這房間，用到的是〈大宗師〉的一句。」

泉涸，魚相與處於陸，相呴以濕，相濡以沫，不如相忘乎江湖。

「泉水沒了，魚和魚就變成在陸上打滾，掙扎求生搞半天，最後還是死，不如忘了江湖，放棄求生，早死早超生。當然，後面是我自己加的。」

「為什麼會認為是這一段呢？」

「困在這的我們，面對的情境和第一間房間很像，差別在於牆是漆好了，魚變成兩隻。牆漆好，就不能用第一間房的過關法，而魚變兩隻，這數量一定有某些意義。所以我認為，就是讓玩家想起我剛剛提到的那段莊子內容。」

「很好。」

「可是房中的魚並沒有失去水，牠們有水。所以陷在困境裡的人是誰呢？是我們。**我們**

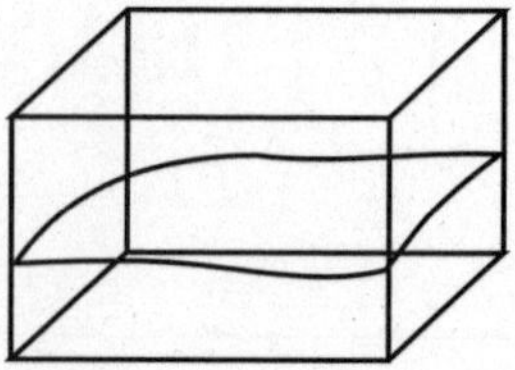

才是無水之魚呀！被困在房間了嘛！我們要離開，就要相忘乎江湖了。但到底是要忘了什麼？我認為要忘的，就是眼前的那缸魚，如果不再注意眼前的那缸魚，會看到什麼？」

「妳看到了什麼呢？」

「其實是聽到的。大概是因為工作的關係，我會特別注意人的語調。有表現欲的人講話時，語調會有差異，會用語氣來強調或掩飾一些重要資訊。你們的老闆顯然就是很愛秀的人，他在說明這一關和上一關的時候，語氣是有差別的哦！」

「怎麼說呢？」

「他雖然最後有提到這間『密室』，但他一開始講的時候，是說『房間』。我認為最後他講『密室』，是用唸稿的，前面的『房間』，是無意間說溜嘴的，或是刻意要留下的資訊。我也發現他的前面的說明短了一些，好像少了某些部分。」

「少了什麼部分？」

「我想了很久，還是不太確定。不過我又想到相忘於江湖，就想到了一個可能性。你們老闆少講的部分，應該就是這個！」

「哪個？」

「我現在做的這個！」她伸手握住門把，那門就彈開了。在她一碰到的瞬間就彈開了。

Rita站在門外微笑，手上還拿著與音樂老師問答的對講機。

「沒錯，標準解答就是忘了那缸魚，想一想老闆的說明，就會發現這一關根本沒鎖，大家是被『一定有鎖』的成見給關上啦！恭喜你們囉！請隨我來，我帶你們前往休息室。」

猛哥右手拇指的讚，持續了一分鐘以上：「老師！你真是強！聽一次妳都能記得！強！」

音樂老師是萬分得意，卻又表現謙虛：「其實根本記不住啊，只是我覺得他講話的節奏怪怪的，就想到是不是少了什麼。然後這關又是要忘記，一下要想，一下要忘，根本一整個卡住。但我妹說忘了江湖，我就突然想到，如果忘了這缸魚，這個房間就什麼都沒有，只剩門了。那解決線索就會是在門上，難道這個門沒有鎖嗎？一想到這件事，我就感覺老闆少講的部分，很可能是『門已經鎖上』的段落啦！」

儲在吃免費提供的芒果乾：「不過，直接開門就好，這樣還叫密室嗎？」

音樂老師無意識的嘟嘴：「她剛剛不都說了嗎？你覺得有鎖，這就是密室了。莊子嘛，那種意境，你應該比我懂吧！」

猛哥：「以後我們每關進去，都要先轉一下看是不是有鎖。」

儲很推那芒果乾：「你們也要吃看看嗎？這不錯喔！但是大哥，剛剛那間的門，可能一開始直接去推也不會開哦，它原本可能是有鎖的，但是在玩的人發現要忘記江湖這件事的時候，或是忽略那缸魚的時候，只要再去轉門把，他們就會把鎖解開！因為玩家真正要做的事情，不是轉把手，是『忘記』啊！他們要確定玩家忘記，才會開吧？」

音樂老師：「有道理，這我沒想到！」

意麵妹扮鬼臉：「所以其實妳也是矇中的吧！」

「就當是矇中的吧。妳不去尿喔？」音樂老師隨手把流理台的飲食全推開，清出一個她可以倒飲料的空間。

「妳不吃不要亂推人家的麵！弄碎了其他人要怎麼吃？」她妹大怒。

「不會有人吃吧？時間根本不夠呀！」

「那也不能亂推呀！」

知盛過去幫忙整理檯面，儲卻跳了起來：「等等，這些吃的，該不會是之後破關的工具吧？」

意麵妹有點驚訝：「這麵可以帶出去嗎？」

「沒說不可以哦！」儲很快審視了使用條款。

音樂老師無法認同儲的怪想法：「我覺得不太可能用來過關吧？如果沒帶到的人怎麼辦？不用懷疑東懷疑西吧！而且如果麵要帶，其他也要帶嗎？這就茶水間啦！我覺得就茶水間，不要想太多。」

意麵妹可能沒工作過：「一般公司的茶水間會這麼多東西嗎？」

儲大笑：「不會哦。有時連茶包都沒有。」他看了知盛一眼。知盛也笑了，「對，常會沒有茶包。」

音樂老師問：「這位大哥，你好像剛剛自介被打斷了，我連你名字都忘了。」

「我叫曾知盛，叫我知盛就好。我和他同公司的。就是來公司團體旅遊，所以在這。」

知盛似乎還有話，但儲卻分心講別的事：「等一下，我知道老闆名字的可能意思了。應該是日文。要用日文去思考。」

意麵妹給了個小白眼：「我就說是日文啊！你剛剛不是說是阿拉伯人嗎？」

儲很認真：「不好意思，那是我猜的。後來我覺得那口音聽起來就像台灣人。我就在想，台灣人比較會的語言有什麼呢？他的名字是不是要反過來思考？馬哈不拉幾，反過來是幾拉不哈馬，聽起來像日文，又不像普通的日文。」

音樂老師點頭：「對，像日文。」

儲補充：「所以我想，是不是要拆成三段來理解，幾，拉不，哈馬。也就是日文的『自』，自己，外來語的『ラブ』，就是愛，還有沉迷、熱衷於的那個『ハマ』。所以連起來，應該就是沉迷於愛自己、沉迷自戀之類的意思吧？」

意麵妹又用 iPad 舉手：「這三個片語加起來，不就自戀狂？這老闆很有那種感覺耶！」

儲還是有個問題未解：「但是他拆得很碎，又反過來唸，讓你直接看不出來，不知道是為什麼。」

音樂老師卻想到一個可能性：「如果是自戀狂的相反，那他會不會是反過來的意思？自卑的人？有自卑狂這種東西嗎？」

「沒有吧！而且他說他的名字和脱逃沒有關係。如果和自卑沒有關係，那不就又變回和自戀有關係？脫逃和他的**自戀**有關係？」意麵妹好像又掌握到什麼了。

知盛這時想要開口補充什麼，Rita就已經推門進來。「各位玩家！休息時間到囉！請和我前往第三密室！」

第三密室

蝴房

蝴

門還沒關上，廣播就開始放了。

「是在急什麼？」意麵妹抱怨，她姊卻生氣的用力比了個「噓」。原因不是禮貌，是她要注意聽。

第三間房啦！各位惠施們，講話的還是我，本樂園的大老闆馬哈不拉綫。經過前兩關的摧殘，有沒有覺得自己智力受損啦！別擔心，第三關會更加簡單，是B級難度。

這間密室已經鎖上，你要離開這間密室，必須做某些事，並且對著唯一出入口的門把低聲說明之所以這樣做的理由。如果答案正確，門會打開。接著是與脱逃可能相關的密室資訊。

這房間的室內高度是三公尺，長寬都是十公尺，四面牆、天花板與地板均是黑色的。這房間除了出入的唯一鐵門之外，並沒有其他門窗。你可以試圖撞門或破門，但那不是正確的破解方式。照明來自天花板的一支兩呎白光日光燈，空調則是來自門上一個十乘十公分的出風口。

在房間正中央的地板上，有一張長一百九十公分，寬一百五十五公分的乳膠床墊，上面睡了一位工讀生，他正 cosplay 寶可夢中的「巴大蝴」。你要説那已經改叫巴大蝶，那也隨便，你爽就好。這工讀生正在裝睡。

床的四週有以下的工具：一組銅鑼與小木鎚，一個會響且正常運作中的鬧鐘、一個臉盆內有 2000cc 的水，還有一台可以正常運作、上網的筆電。

除了我所提到的條件之外，房間中所有其他細節，都與離開房間的方法無關。當然，你可以運用工具來幫助你查詢《莊子》的內容，因為只有《莊子》全書的內文線索，才能幫助你找到正確的脱逃方式。

最後提醒你一點，裝睡的人叫不醒。請問，你要怎麼做，才能離開這間密室？

猛哥對油漆很有意見：「黑媽媽的，弄得這麼黑幹嘛。不過這個蝴蝶的我知道喔！叫莊周夢蝶是不是？但是我只知道這四個字啦！」

意麵妹偷笑：「這個工作看起來好蠢哦。不過有人，有蝶，又在睡覺，我也感覺就是莊周夢蝶耶。」

儲：「我記得莊周夢蝶最後是醒過來，發現自己還是人。所以我們現在是要把他叫醒嗎？這一關難度是B，所以會比前一關還簡單。要比前一關還簡單，當然就是直接叫醒了。」

音樂老師反對太過直接的想法：「我覺得答案不會那麼簡單。都說裝睡的人叫不醒了，如果只是想辦法叫醒，搞不好變我們大腦太簡單。」

意麵妹指著地上的器材：「所以是要用到這些工具嗎？這次多了一大堆東西哦！」

大概是之前連過兩關，音樂老師開始有了點權威：「我覺得大家先不要碰。這些工具可能是要誤導我們的。有銅鑼和鬧鐘，就是要讓我們想辦法把他叫醒。但他一直裝睡，是一定叫不醒的。妹，妳先查一下莊周夢蝶好了。」

猛哥正柯文哲式的抓頭：「裝睡的人，真的叫不醒嗎？要不要直接用銅鑼的鎚子敲他看看？」

儲反對暴力解決法：「就算他醒了，也不會這樣就過關吧？這樣就過關的理由是什麼？不過這公司的員工真可憐，老闆這樣搞，顯然大腦有問題。不知道他們有沒有符合一例一休。還是這樣躺也算休？」

音樂老師似乎發現了一個切入點：「那台筆電是要幹嘛的？第一關的時候不就問我們有沒有手機嗎？筆電可以做很多事，還是有什麼解題的方法藏在裡面。」

知盛把筆電打開，檢查了一下，然後搖了搖頭。也在一旁看的儲說：「沒有存什麼耶，瀏覽器打開也沒什麼書籤，就是google。」

意麵妹已默默完成她的任務：「我已經查到了莊周夢蝶，那這一段最後有提到一個『物化』。所以我又去查物化，發現這好像是馬克思主義的一個觀念。難道要往那個方向想？」

儲：「應該沒那麼複雜啦。這關難度如果比前一關簡單，就不會牽扯到那麼遠的地方去。你們有沒有發現，前兩關都是在有限的條件內決勝？沒有太多添加的部分。」

音樂老師這時卻想了個暴力解決法：「但老闆給我們的就這些。難道重點是那個床墊？要把他掀起來嗎？他躺在上面一掀，應該就會醒了。」

這次變猛哥當保守派：「可是他是裝睡耶，現在明明就是醒著的。就算掀起來，也還是繼續裝睡吧？不過如果要掀的話也可以，我們男生就一起來掀看看。」

意麵妹這時突然高舉iPad，卻很小聲的說：「等一下！我想到了！我知道出去的方法了，這一關需要時間，大家也要一起幫忙！你們靠過來，我要小聲講。我知道逃出去的辦法！」

等眾人集合在房間一角，意麵妹才小聲的說：「真正的答案不是要他醒，是要他真的睡著！」

55

次頁解答

音樂老師低聲回應：「是喔！對呦！又是反轉嗎？和前一關一樣都是反轉？那是莊周夢蝶嗎？」

意麵妹：「這一間房間就是莊周夢蝶沒錯。但是要解開，得先看懂〈齊物論〉的細節。」

昔者莊周夢為胡蝶，栩栩然胡蝶也，自喻適志與！不知周也。俄然覺，則蘧蘧然周也。不知周之夢為胡蝶與，胡蝶之夢為周與？周與胡蝶，則必有分矣。此之謂物化。

「簡單來說，莊周夢蝶的意思是，人變成蝶，人夢到蝶，那人到底是不是蝶？整個夢到蝶的過程，讓莊子分不清人或蝶哪一個才是真的，哪一個才是夢境。但人和蝴蝶雖然不一樣，但只少可以確定有一個『我』存在，然後這個『我』經歷了人與蝶的情境。至於物化的意思是說，不要被人或蝴蝶的外形所限制，而是要看重一直存在的那個自我的內心。」

音樂老師好像想到了什麼：「這不就我思故我在的感覺？笛卡兒的那個啊！」

意麵妹晃晃頭：「大概吧，我也不知道。那要怎麼過關咧？我的推理是這樣的。這個cosplay 成巴大蝴的工讀生，他是想變成蝴蝶，或老闆想要他變成蝴蝶；但這不可能嘛！所以用cosplay的方式。但原來是『夢蝶』，那他要怎麼夢呢？人哪可能說睡就睡，說夢就夢呢？不可能嘛！所以老闆叫他用裝睡的。但一切都是裝的，人還是人，身上的cos服還是cos服，裝睡還是沒在睡。一切都太人工，太刻意，莊子應該不會喜歡這種感覺。啊不對，應該是說，莊子的意境不會是這樣。」

「沒錯。這樣太假了。」儲顯然接受這種推理。

得票越來越多，意麵妹更顯得意：「所以我認為，要符合莊子的意境，答案當然就是讓工讀生真的睡著。理由呢？理由就是，如果工讀生真睡著，意識啦、工作啦，什麼的真的假的，就都化掉了，原本的堅持都沒了，蝶不蝶、蝴不蝴，是叫巴大蝶還是巴大蝴，都沒差了，那我們和他的對立、僵持，也都消滅掉了，老闆交給他工作也同時消失了，這個關卡不也就消失了嗎？所以工讀生一睡就脫離了惡老闆，大家就可以安心上路囉。」

猛哥猛點頭：「妳講的很有道理，可是要怎麼做？他要是很難睡怎麼辦？」

意麵妹倒是沒什麼好方法：「如果是要讓他真的睡著，就需要製造安適的環境，還有花時間等。就只能等了。」

猛哥眼神一狠：「用木鎚敲昏算嗎？」

音樂老師翻白眼：「那敲的，可能就真的安心入土了。我認為可以用筆電上網，找容易讓人睡著的阿法波音樂，或放什麼無聊的念經節目都可以。」

儲：「但要怎麼確認他睡著呢？」

「先做再說。盡人事聽天命了。」音樂老師走向工具區，打開筆電，「先放音樂再說。」

這是她的專長，眾人只好隨她去，就原地坐著等。

若是要讓工讀生睡著，那最好也啥不要做。可是音樂老師許久都不滿意，大概是有她專業的考量。就在這無聊空白中，意麵妹卻突然起身，緩緩移動到她姊身旁，然後用手指著床墊上的工讀生。

音樂老師看了，卻搖了搖頭，表示不懂。意麵妹再補了幾句低聲說明，她姊姊才驚訝的抬頭看，意麵妹就又輕步移至門旁，悉悉簌簌的講了些什麼。

猛哥才要過去偷聽，Rita卻已開門，同樣是超小聲的對眾人說：「恭喜各位又過關囉！請跟我來！來來！」

z

Z

Z

猛哥的表情正是所謂黑人問號臉：「所以那個快速動眼期，就是表示睡著嗎？」

意麵妹點頭：「對啊，而且是在做夢。但通常要睡很久才會進入這一期，所以那工讀生說不定在我們進去的時候，就已經真的睡著了。」

猛哥想了幾秒，才問：「不過還是要講理由才能出來吧。」

「對啊。我有講啊，只是很小聲。我有說是睡著就沒有分別。就都化了。」

儲拿了片西瓜吃，然後指著公告欄：「你們來看牆上。這牆上有貼奇怪的文章。像是莊子的白話翻譯。但不是真的莊子。」

音樂老師歪頭看著：「老闆自己寫的吧？貼這幹嘛？」

意麵妹也擠進人堆裡：「果然是**自戀狂**。」

《莊蚜．裝會篇》：大老闆與年輕人

莊蜩與蟪施，是兩隻很有禪意的蟬。

蟪施：「我聽聞在南方國家的北方都市，富人在熱天穿著厚重的衣服，卻吹著冷氣，自己的財富都是從窮人身上剝削來的，卻又批評窮人不努力。說自己當年很辛苦，但仔細一查，其實過得很爽；他們說現在年輕人過得很爽，但年輕人卻都生不如死，只是苦中作樂。蜩，你怎麼看這樣的現象呢？」

莊蜩：「事物發生與變化的原因，叫『機』；把一件事情搞偏了，叫『歪』，你說的這個狀況，就是把事物發生與變化的原因想偏了，那就是『機歪』了。古代的聖人總是抱持『一』的道理，所以不會機歪，但現代人在兩個極端中來回掙扎，當然就很機歪了。」

蟪施：「某位富人說，窮人只要認真做，不要抱怨，他就會看到窮人的努力。也有窮人幫這富人講話，說批評富人的那些窮人才該出來道歉。他這樣一說，富人就看到他的努力了，據說還拿這窮人的意見到處宣揚。這兩種說法，都比你講得有道理、更實用吧？」

莊蜩：「這兩種說法，一樣是把事物發生與變化的原因想偏了，只不過是另外一種機歪罷了。看事情，要直接看穿事物的外形，直接掌握其本質。現在窮的是年輕人，沒有飯吃就會餓死，沒有地方住，不是凍死，就是被蚊子咬死。明明就會出人命的，大家還是堅持講自己都做不到的大道理，哪能解決問題呢？」

蟪施：「所以你是要富人掏錢來幫助窮人嗎？」

莊蜩：「富人如果不想出錢，那就閉嘴，也就沒人知道這富人的才能配不上他的財富了。被外人知道他德不配位、能不配財，天下有本事的富人都會去撕扯他的產業，這是平白招來災禍啊。年輕人窮，如果你有改善方法，那就直接做，少說兩句不會死的。不論是有錢沒錢，年輕或老，冷還是熱，南或是北，若自己只負責說，卻總是叫別人負責做，這不叫提解決方案，只是在講幹話而已。與其幹幹叫，還不如像我們這些蟬，天天貼在樹上嘰嘰叫，至少讓世界聽來自然多了。」

蟪施：「嘰～♫」

意麵妹讀完才給評分：「這老闆的想法，好像不那麼老闆。有點左派的感覺。」

儲無法認同：「才怪，妳看他怎麼用工讀生的。」

「至少他有讓工讀生睡啊。」意麵妹覺得自己有抓到重點。

知盛笑說：「至少他的導覽員還保持高度的工作熱忱。」然後指著眾人身後的Rita。她已經在那笑盈盈的等待許久。

63

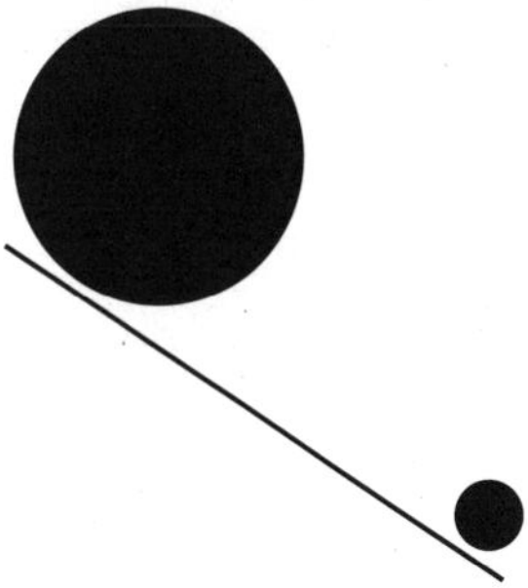

第四密室　不良房

不良

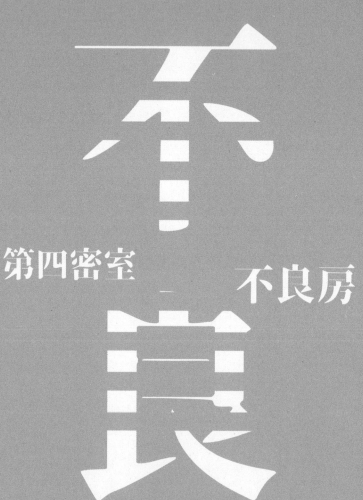

這房間內，同樣有著可愛造型的工讀生，眾人都笑了。在聽廣播說明的時候，意麵妹甚至忍不住一直轉頭。

各位惠施們，經過簡單的關卡，回血了嗎？這間還是一樣簡單喔！

這間密室已經鎖上，你要離開這間密室，必須做某些事，並且對著唯一出入口的門把低聲說明之所以這樣做的理由。如果答案正確，門會打開。接著是與脫逃可能相關的密室資訊。

這房間的室內高度是三公尺，長寬都是十公尺，四面牆、天花板與地板均是黑色的。這房間除了出入的唯一鐵門之外，並沒有其他門窗。你可以試圖撞門或破門，但那不是正確的破解方式。照明來自天花板的一支兩呎白光日光燈，空調則是來自門上一個十乘十公分的出風口。

在房間正中央的地板上，有我的一位員工正席地而坐，他正cosplay知名卡通中的角色「不良牛」。不像也沒辦法，成本考量。反正他就是一隻乳牛。

他的四周有以下的工具：一支長約二十五公分的塑膠蛋糕刀，兩個普通大小的白瓷飯碗，三支藍原子筆，還有一台可以正常運作、上網的筆電。

除了我所提到的條件之外，房間中所有其他細節，都與離開房間的方法無關。當然，你可以運用工具來幫助你查詢《莊子》的內容，因為只有《莊子》全書的內文線索，才能幫助你找到正確的脫逃方式。

最後提醒你一點，這隻牛會講話。請問，你要怎麼做，才能離開這間密室？

又是猛哥第一個出面整理資訊：「東西和人都差不多耶，這一間，應該不會和上一間是同樣搞法吧？」

儲很有技巧的轉了風向：「應該不是。如果上間是莊周夢蝶，這間怎麼看，應該都是庖丁解牛了。有刀，有牛，但這個刀顯然不能切牛啊。」

意麵妹再用 iPad 舉手：「要先和牛講話嗎？老闆剛剛說這牛會講話耶，答案應該會和跟牛講話有關哦。」

音樂老師又遮嘴了：「這個牛會講話，也可能會騙我們。我們先在他聽不到的況狀下討論好策略才行。」

眾人於是又往角落擠。那牛只是在原地坐著發呆。

音樂老師似乎已有一套想法：「我認為刀子可能還是有用。我剛剛有想過，**庖丁解牛**，那個解字，正好就是刀、角、牛，所以用刀子把牛和角分開，不就是解嗎？」

儲指著不良牛：「可是他那個 cos 服，牛角和帽子好像是黏在一起的，用塑膠刀切不下來。我在想那個碗是用來裝什麼的，如果是殺真牛，大概是裝血，可是這邊又不可能真殺了他。原子筆又是幹嘛的？沒有紙，也不能寫啊。還是有很多東西都用不到？」

猛哥歪頭：「我只覺得他真可憐，不知道這樣能賺多少錢。雖然不用動，但好像比前一個辛苦很多喔。」

意麵妹對著那牛比畫：「難道是要在牛的身上畫畫？在他身上畫出骨頭的位置？我怎麼會知道牛骨頭的位置啊？有人知道嗎？google應該有？還是要畫人骨頭的位置呢？」

音樂老師打散眾人的想法：「我覺得大家還是被誤導了。我們是要出去吧？如何在概念上出去，就是最重要的事。」

儲雙手一攤：「我沒有靈感耶！」

音樂老師：「好吧，既然大家聊了一輪還是沒有共識，我也不堅持，就先和這頭牛聊聊吧？」

儲：「誰來代表去聊呢？還是一起聊？」

音樂老師雙手合十：「大哥比較有社會經驗，就讓大哥來好了，我們其他人先不要出意見。就聽就好。」

猛哥也學她雙手合十：「OK，那我來聊？不過要聊什麼？」眾人都笑了。

音樂老師：「就聊你想聊的囉！反正我們都沒有想法。」

猛哥扭扭脖子，像是熱身：「喔，好。我來。」

四人隨著猛哥走近地上坐的著「不良牛」工讀生。那工讀生看來不太在意他們的行動，就是坐在那發呆。

猛哥深吸了一口氣，小聲的說：「ㄟ，你這樣薪水怎麼算啊？工讀嗎？」

不良牛：「一個小時一百而已。」

猛哥嚇了一跳：「那違法吧？打工也應該有一百多啊！」

不良牛：「哪有啊，臨時在學校被同學拉來的，連勞健保都沒有。他們說只要坐著就好，所以沒給那麼多。」

猛哥隨便指了個方向：「前一關的那個蝴蝶呢？他是躺著耶，應該領更少喔！」

不良牛：「一樣是工讀生，我想應該都是一百吧？」

猛哥想了許久，突然變得誠懇：「那我問你喔，直接問喔，啊你知道這一關的答案嗎？」

不良牛：「不知道耶，他們只叫我在這裡坐著。」

猛哥有點失望：「都沒說什麼可以，什麼不行喔？」

不良牛：「主管有說客人問什麼就答什麼，然後坐在正中間不要亂走動。就沒什麼其他特別的。」

音樂老師似乎聽到關鍵字，拉著妹妹到一旁去討論。猛哥沒看到這一幕，仍專心追問：「那你有水喝嗎？」

不良牛：「要出去才有。上廁所也是要等客人過關。主管說是很快就會過，所以沒差。而且我們工讀生好像會一直換關卡。」

猛哥若有所思：「很快就會過啊……。所以你是剛到這一關喔？」

不良牛：「對啊，你們是第一組客人。」

音樂老師這時介入了：「等等，這牛不知道答案，所以我們至少可以排除一些選項了。像是賄賂他，讓他說出答案之類的。」

儲：「那我們要不要回頭去想庖丁解牛的真正意思？」

音樂老師：「那段的意思？養生？」

意麵妹舉手：「我有查了。那段的意思是要切開牛，就要順著牛骨頭之間的縫，要順著自然的縫隙。」

儲補充：「那是表面的意思，〈養生主〉那個養生不是指形體、肉體的養生，是要忘了形體去養精神，什麼虛靜自然的。」

聽了這段玄學，音樂老師大腦有點打結：「但是這套道家的東西，要怎麼從眼前這頭牛扯過去呢？我看現場的東西，看起來都很表面耶，而且比庖丁解牛還表面。還是我們要試看看，看用那個塑膠刀子能不能把他的角切下來？」

猛哥指著他的兩角：「阿弟仔你頭上的角可以拿下來嗎？」

不良牛：「不行耶，是縫在這個連身帽上面的。」猛哥伸手拉了一下，果然如其所述。

意麵妹：「ㄟ你剛剛說，公司叫你坐著回答客人的問題，然後在這邊不要走動？還有什麼限制嗎？」

不良牛：「嗯……想不起來耶。也沒說不能滑手機。但穿這個牛的衣服，本來就沒辦法滑手機啊。這個牛的蹄什麼都不能拿，就算想尿尿，連拉鍊都不能拉。像我現在頭套裡面有用耳機聽音樂，但請同事塞進衣服後，也不能自己選歌，連關掉都不行。超無聊的。」

儲好心問：「要我們幫忙嗎？」

不良牛：「啊謝謝，直接從臉頰的這邊伸手進頭套，幫我把耳機拉掉就好。對這裡。喔對，謝謝，這邊也是，啊謝謝。」

猛哥好像很同情牛的處境：「所以在我們過關前，你就只能發呆啊……。」

不良牛：「對呀。」

意麵妹跳了起來：「等一下！我想到了！我知道答案了。他是想動卻不能動吧？我知道答案啦！這真的很簡單！」

次頁解答

解

音樂老師：「什麼意思？」

意麵妹指著那全套的乳牛裝：「要出去的方法，就是幫這個工讀生脱掉這個乳牛裝！」

儲：「理由呢？」

意麵妹拿起 iPad：「理由要看原文。這房間就是庖丁解牛沒錯。但是〈養生主〉相關的段落很長，大家要來看一下。」

庖丁為文惠君解牛，手之所觸，肩之所倚，足之所履，膝之所踦，砉然嚮然，奏刀騞然，莫不中音：合於《桑林》之舞，乃中《經首》之會。

文惠君曰：「嘻，善哉！技蓋至此乎？」

庖丁釋刀對曰：「臣之所好者，道也，進乎技矣。始臣之解牛之時，所見無非牛者；三年之後，未嘗見全牛也。方今之時，臣以神遇而不以目視，官知止而神欲行。依乎天理，批大郤，導大窾，因其固然。技經肯綮之未嘗，而況大軱乎！

良庖歲更刀，割也；族庖月更刀，折也。今臣之刀十九年矣，所解數千牛矣，而刀刃若新發於硎。彼節者有閒，而刀刃者無厚，以無厚入有閒，恢恢乎其於遊刃必有餘地矣，是以

十九年而刀刃若新發於硎。雖然，每至於族，吾見其難為，怵然為戒，視為止，行為遲；動刀甚微，謋然已解，如土委地。提刀而立，為之四顧，為之躊躇滿志，善刀而藏之。」文惠君曰：「善哉！吾聞庖丁之言，得養生焉。」

意麵妹很隨便的翻成白話文：「因為太長了，所以我直接幫大家翻譯。這一大段的意思就是說啊，庖丁用刀切牛，就像配合董資董資音樂跳舞一樣流暢。這是因為庖丁不是用肉眼，是用心之眼來看牛，所以刀都可以走骨頭之間的中路，就可以很順的切開了。所以他切牛完全是意識流，流程順到連自己都覺得屌。最後聽完庖丁嘴砲，文惠君就會養生啦。」

講得再簡單，猛哥還是不會懂：「所以呢？」

意麵妹再次濃縮重點：「反正要解決問題，就要順著問題本身的空隙去解決，不要硬拼。那要怎麼軟拼呢？光看這個故事本身，還是看不太出來。所以要往前面找，那這故事前面還有一段相關的文字。」

吾生也有涯，而知也無涯。以有涯隨無涯，殆已！已而為知者，殆而已矣！為善無近名，為惡無近刑，緣督以為經，可以保身，可以全生，可以養親，可以盡年。

「這段是說人的生命有限，知識卻無限，你不回頭，就掛定了。重點在下一句。人做善事不求名，做壞事時，也要以不被罰為目標，反正做事要走精神上的督脈，就是中道，就可保身全命啦！也可以養精神，也可以活到應有的壽命。」

這次她翻得比較認真，像是看現成的白話譯本。

但音樂老師也不懂：「這超難。這是在講什麼，什麼**精神的中道**？」

意麵妹揮手擋住她姊的追問：「別急！前一關的蝶，是讓工讀生真的睡著，睡著了，就不會在醒與裝睡、人與蝶的兩端之間不上不下。那這一關呢？一個人cos成牛，然後什麼都不知道，不知道要怎麼結束這個困境，想滑手機也不能滑，想出去也不能出去，不能尿、不行吃、不能喝、不能休息，怎麼辦？」

姊姊不爽：「所以直接幫他脫喔？」

「這塑膠刀子不能切牛，如果刀沒辦法切，碗也不能裝血了。我有想過是不是用原子筆畫上骨頭位置，但這也還是執著於形體、肉體。如果過關的重點一直都是『出去』，而這『牛人』又沒辦法自己從這形體出去，那該怎麼辦？」

「嗯，就是要幫他出去？幫他出去，我們也會出去？」姊姊終於懂了。

「不然咧？這人卡在工作的狀況中，沒辦法喝水、上廁所、休息，或是換聽自己想聽的歌，就無法順性而為嘛。那庖丁解牛，是順著牛骨中的縫隙去突破卡住的難題，那你要解這隻乳牛，當然就不行拿塑膠刀硬幹，只要幫忙他把乳牛裝脫了，不就解牛了？整個牛形都化了啊。」

儲點頭：「不只是肉體困境解決了，精神上也超越了。」

音樂老師皺眉：「那你剛剛講的中道哪裡去了？」

意麵妹：「布偶裝的拉鍊，通常就是在衣服背的中間啊，不就是任督二脈中督脈所在的脊椎？順著督脈去打開，這個切入點有沒有很讚？」

音樂老師終於承認老妹了不起：「有讚。如果確定是這樣就快做吧，這關拖得有點久了。」

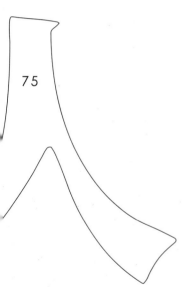

「還好還好，你們的進度並沒有落後太多啦！如果太卡，我們會排比較簡單的房間給你們，安啦！安啦！餓的話我們還有供餐哦！放心好啦！」

「嗯謝謝。」儲代表致意。

「那我先離開囉。」

意麵妹先發難：「不知道是不是我的錯覺，感覺休息時間好像越來越短了。」

姊吐槽：「是因為妳一直吃不到意麵嗎？」

意麵妹居然沒反吐回去：「我在想，會不會像之前講的，搞不好麵也是題目。剛剛儲講過麵可能是脫逃工具？我覺得這邊也算是間密室呀，麵可能也會是題目？像是如何吃到這邊的麵，如果吃成功，我們就可以脫逃了。啊，不懂的話，你們就想休息室突然變成關卡，然後我們要從這邊逃出去。」

音樂老師根本不想聽：「妳是過關過上癮了是不是。想太多。」

意麵妹：「人生就是要多點想像，才有意思嘛！」

儲指著公告欄的角落：「這邊還有另一篇老闆寫的文章，是講想像的。」

「想像？」意麵妹也過來：「是我說的想像嗎？」

《莊蚜．裝會篇》：理想與現實

莊蜩與蟪施，是兩隻很有禪意的蟬。

蟪施：「只要有心，就會想像未來。但想像都是虛幻的吧？」

莊蜩：「沒有這種事，只要能夠放下做作的心態，自然而活，那麼一切都會依大道流轉，現下想像的未來，就會變成真實。」

蟪施：「只怕沒有這麼簡單。現在有許多人，讀了書，有了經驗，就以為自己已掌握到天地運行的大道，但他們對於未來的想像，也都幾乎不會發生。」

莊蜩：「那是愚笨到分不清幻想與理想的人啊。幻想，是強迫萬物依尋自己欲望，理想是讓自己的欲望順著萬物生化。人一旦陷入對欲望的執著與驕傲，就分不出幻想與理想了。」

蟪施：「就算是理想，也是空虛吧！你所說的，無非就是人要順應現實的生活。像是年輕的人，就別想太多，順著大局領低薪。弱小的人，就要聽從強者的帶領，順服經典的權威。所以理想比不過現實，大道就是現實啊。」

莊蜩：「你說的現實不是真的現實，那只是人的幻想所糾結生成的幻境啊。人們總是張口發出大聲的叫喊，想要壓迫別人活在自己的幻想中，說著『這些人只能領這麼少的錢啊，這東西只能賣這麼便宜啊，這個國家社會只能這樣走啊』。活在自己的幻想中，這是『假』，若是出手交相爭權，那就是『掰』，假掰之人，怎麼會走在大道呢？自以為是大道而已。真正的大道，是放下幻想，是體認現實理想為一。是人，就順著人的天性，那事就是實，想就是理了。是蟬，就順著蟬的真實天性，自由鳴叫吧。」

蟪施：「嘰～♫」

意麵妹歪頭：「這真的是老闆寫的嗎？感覺是在罵某些人耶。」

儲：「應該是吧，不然誰敢貼在這。」

知盛指著公告欄最前端的說明，像是那邊有答案。意麵妹正要去看，Rita 就推門進來。

「沒錯，那都是我們老闆寫的喔！怕大家看不懂文言文，所以都寫成白話呢！我們要來進下一關囉！」

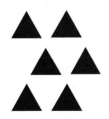

第五密室

瓜房

才踏進房，猛哥就取笑意麵妹：「哈哈，不用煮麵了啦！餓的話這邊也有水果啦！」

這間密室的難度和前面一樣，但如果這關大家解得又順又快，下一關難度就會隨著你們的程度調升囉！衝吧！

這間密室已經鎖上，要離開這間密室，必須做某些事，並且對著唯一出入口的門把低聲說明之所以這樣做的理由。如果答案正確，門就會打開。接著是與脫逃可能相關的密室資訊。

這房間的室內高度是三公尺，長寬都是十公尺，四面牆、天花板與地板均是粉綠色的。這房間除了出入的唯一鐵門之外，並沒有其他門窗。你可以試圖撞門或破門，但那不是正確的破解方式。照明來自天花板的一支兩呎白光日光燈，空調則是來自門上一個十乘十公分的出風口。

在房間正中央的地板上，有以下的物品：一顆約兩公斤的小玉西瓜、三條小黃瓜、一顆重四百克的哈密瓜，一支長四十公分的西瓜刀，一支長二十公分的水果刀，一個空的十公升家用水桶，一個長寬高都是一尺的水族缸，內有乾淨自來水八分滿，水中無任何可見物體。

除了我所提到的條件之外，房間中所有其他細節，都與離開房間的方法無關。當然，你可以運用工具來幫助你查詢《莊子》的內容，因為只有《莊子》全書的內文線索，才能幫助你找到正確的脫逃方式。

請問，你要怎麼做，才能離開這間密室？

猛哥蹲著檢查那些瓜的品相：「都不錯喔，每一個都是可以吃的。這裡也有刀子，這刀子看來是真的喔，是真的可以切。不過，莊子有講過西瓜還是哈密瓜嗎？」

儲歪著頭：「我記得是有講瓜，不過是講葫蘆這種當菜吃的瓜。現場這些都不是葫蘆，那個時代也應該沒有西瓜、小黃瓜、哈密瓜這種東西吧，我記得這些好像都是後來才從國外傳來的。」

音樂老師也想起自己看過的內容農場文：「嗯，我也記得看過網路文章說古代中國的東西很少。可以吃的東西不多。」

意麵妹已經在查：「嗯，瓜的部分我找到了。這個講瓜的段落呢，是惠施說，他有個葫蘆瓜，長得太大，用來裝水，皮撐不住會破掉；如果剖半拿來撈水，卻沒有那麼大的缸可以伸進去撈，所以他覺得沒用，就把這瓜打破了。莊子說這用法不對，這麼大的瓜，可以綁在腰上當成浮桶來渡河。」

音樂老師又開始遮嘴了：「聽起來好像和現場的東西有點關係，但又不太直接。還有其他和瓜有關的章節嗎？」

意麵妹又查了一陣子。「好像沒有。」

音樂老師改而雙手合十：「沒有什麼進一步的線索，我覺得就是從這些瓜本身去想解法了。想想可以怎麼處理它們吧！」

儲整理一下現有資訊：「剛剛是說，惠施的瓜，用來裝水會破掉，用來撈水，嫌太大，所以該綁在腰上當浮桶。但這裡的水就只有水族缸中的那一點點，看來也對不上浮桶的用途。」

猛哥：「可是喔，老闆有說這一間是簡單的，不是難的喔，那有沒有像前面那麼簡單的做法啊？」

意麵妹故作微笑：「直接通通吃掉？吃掉不就最簡單？」

音樂老師瞇眼：「妳就只想得到吃。來點別的好不好。」

「直接出去？還是用刀子去開門？」儲也想到暴力路線。

意麵妹反對這種搞法：「應該不會吧？這太暴力了，而且用刀子去撬，不就是老闆講的破門？而且刀子很危險，可能會受傷耶。還有，為什麼給兩把刀子？」

音樂老師：「我覺得是誤導。像前面的那個房間，就已經有誤導的工具。就是沒有用的，只是要讓你想偏的。而且一關就很多個這種沒用的東西，所以這間房間嘛，說不定瓜或刀都是誤導，真正的過關方法是和桶子、水族缸有關。」

猛哥仍是滿頭問號：「所以是把水族缸的水倒在桶子嗎？好像不太容易喔，如果確定要倒的話，就我們三個男生一起來搬，比較安全。」

意麵妹阻止他：「先別急，我來搜尋一下相關的章節。這關鍵字比較難設定，要等我一下。可能水和容器的都要找出來。」

音樂老師又想到什麼：「還是回頭思考一下那段葫蘆的意思？他那一段到底講的是什麼？物盡其用？」

儲也在查：「那段中間有提到治手裂掉的藥，這種藥如果用在工作中，效用有限，但用在戰場就能大大發揮了。不知道有沒有關係。」

音樂老師追問：「所以這整章的意思是，東西要用在對的地方？」

「應該是這樣沒錯。」

意麵妹不耐煩了：「所以現在要回頭看葫蘆那段嗎？那容器的還要繼續查嗎？」

儲安撫她：「我覺得不用查了。大家冷靜一下，我們先不管什麼葫蘆，也不管莊子，你看到眼前這些東西，就這些瓜和工具。你們想到什麼？我覺得答案很明顯耶，所有東西都有用，沒有誤導的部分喔。」

這次連猛哥都看出來了：「啊！靠北！對呀！就像你說的，直接用就好啊！莊子不是說**直接用就好？**」

次頁解答

解

儲指著瓜和工具說明：「答案不就是直接把這些瓜切來吃掉？洗一洗切來吃，垃圾放桶子，這樣就最簡單啊！」

意麵妹氣得一直拿 iPad 指她姊：「這不就是我一開始想的那樣！姊妳就一直誤導大家，說什麼工具是誤導，其實妳才誤導咧！這整個就很簡單啊！」

音樂老師有點尷尬：「可是這和莊子有啥關係？只是吃瓜而已呀！」

儲說：「不信的話，就來仔細看〈逍遙遊〉的這個瓜瓜段落。」

惠子謂莊子曰：「魏王貽我以大瓠之種，我樹之成，而實五石。以盛水漿，其堅不能自舉也。剖之以為瓢，則瓠落無所容。非不呺然大也，吾為其無用而掊之。」莊子曰：「夫子固拙於用大矣，宋人有善為不龜手之藥者，世世以洴澼洸為事。客聞之，請買其方百金。聚族而謀曰：『我世世為洴澼洸，不過數金；今一朝而鬻技百金，請與之。』客得之，以說吳王。越有難，吳王使之將，冬與越人水戰，大敗越人，裂地而封之。能不龜手一也，或以封，或不免於洴澼洸，則所用之異也。今子有五石之瓠，何不慮以為大樽而浮乎江湖？而憂其瓠落無所容，則夫子猶有蓬之心也夫！」

「我把這段簡單翻譯一下。惠施種出大瓜，可是太脆，不能用來裝水，拿來撈水又太大，沒有伸得進去的缸。莊子說你用錯地方了，就像宋人有保護手的藥，用在家裡洗布的工作效能不大，拿去打戰就幫助很大了。你的瓜那麼大，就綁在腰上當浮桶渡河呀！惠施你繞來繞去想太多了。」

音樂老師：「這和吃瓜有什麼關係？」

儲：「現場的東西，雖然沒有故事中的葫蘆，可是有三種瓜。如果是照原文想法，那這些瓜就不應該用來裝水，也不能拿來當杓子，而是拿來綁在腰上，當浮桶。可是現場又沒有池子可以浮，只有一點點水呀！所以我的想法是，退一步，看看全局。不只是房間的東西，也包括了莊子的整篇文章。他最後提到惠施是繞來繞去，那就直接一點嘛！」

音樂老師很在意最後的推理跳躍：「所以就直接吃？」

「我的直接，是指觀察最直接的現象。現場有三種瓜：西瓜、小黃瓜，哈密瓜。刀子兩種：西瓜刀和水果刀。容器兩個：家用水桶和水族缸。你看到這些東西的組合，不要管莊子，你會想到什麼？不就用水把瓜洗一洗，用刀子切一切吃掉，然後吃剩的垃圾放到空桶子中嗎？這種東西擺在烤肉露營場合，你馬上看了就知道怎麼做，放到密室中，大腦就當機了。惠施原來那個葫蘆不能吃，所以才會搞東搞西，但現場這三種都可以吃，當然就直接吃啦！」

「反正莊子就是要人不要太執著，事情該怎樣就怎樣，**順性而為**，就可以有浮桶飄走囉！」意麵妹全力支持儲的說法。

音樂老師也只能接受了：「所以就是自然嘛，看到可以吃的就吃，不要想太多。這感覺就超適合我妹的。那就快吃吧，爭取一下時間。」

音樂老師：「我已經有點累了。」

儲插嘴：「一般實體密室脱逃遊戲，我記得就是五六關這麼長，和玩到現在的狀況差不多。但沒有吃的。」

音樂老師有點驚訝：「你玩過？」

「對，很貴喔！和大學同學一起去的。但這個超渡莊子是門票內含，我是覺得蠻值得的。」

意麵妹吐槽：「不過這種主題，一般人不會想特別花錢來玩吧！只能用門票內含啦！」

「對啊。」儲點點頭，「而且整組十二關下來，還真的會玩蠻久的。ㄟ，大哥，你在這邊這麼久，老婆小孩不會想找你嗎？」

正在滑手機的猛哥抬頭：「沒有找我耶。等要吃晚飯的時候再打去問看看。反正沒有我，他們自己應該也會玩得很開心。我記得這邊也有賣東西的啊？他們應該自己會去逛吧？」

意麵妹吃著餅乾：「對，有Outlet。我想我爸媽應該也會過去逛喔！」

她姊拿出手機：「沒有傳LINE過來，應該不需要我們吧。」

猛哥看大家都在吃，也拿了罐青草茶：「啊你們爸媽都很自動喔，會自動玩，很好耶！

應該身體還算健康。」
是意麵妹回答：「還好啦，反正他們意見就最多，自己走最好。反正他們還不是需要我們擔心的狀況。」
姊姊對此倒沒反應，只是站著發呆；猛哥雖覺得怪，也只好轉頭問儲：「啊你們公司呢？沒有集合時間喔？」
儲：「我們今天住這裡的旅館，沒有差。就看晚上要不要去餐廳和同事一起吃，不然就要自費吃了。」
「這裡有得吃啊！雖然沒很好啦！」猛哥又問知盛：「ㄟ，兄弟，你今天都不講話，只是幫忙出力，會不會覺得沒玩到？下一間房間，要不要給你來破解？」
知盛攪拌著剛泡好的咖啡：「謝謝，不過大家玩得正順，就這樣下去吧。」
猛哥也同意：「對喔，手氣正好，就不要亂改好了。啊你們公司也不錯耶，員工旅遊辦在這，應該很貴喔！我記得成人套票原價就一千五了，就算有團體票，也要八九百吧？你們還要住捏！」
知盛笑看了儲一眼，於是儲主動跳出來回答：「我們是住宿就有含票了啦，住一晚就含一天的套票。而且我們是五六十個人的大團，就有團體票，三十個人就有了。但我不知道行政課他們最後買多少，因為我們公司過去……」
Rita 這時推門進來。眾人反射式的起身，在門口邊的置物櫃清空手邊雜物，一一跟她出去。

走在最後頭的知盛，輕輕的拍了儲的背。儲於是對猛哥補充：「我們公司過去也和這裡有長期合作啦！」「所以應該會比較便宜啦！」「對啦，都是這樣的。」

第六密室

空房

意麵妹才踏入房內就大驚喜：「這房間沒有天花板耶！是空的！」音樂老師小聲吐槽：「妳白痴喔，這叫天窗。有夠丟臉。」

因為你們之前表現良好，所以難度上升囉，這一間可是A級難度的密室呢！這間密室已經鎖上，你要離開這間密室，必須做某些事，並且對著唯一出入口的門把低聲說明之所以這樣做的理由。如果答案正確，門會打開。接著是與脫逃可能相關的密室資訊。

這房間的室內高度是三公尺，長寬都是十公尺，四面牆、地板均是天藍色的，而天花板是整片透明的壓克力板，你可以看到天空的灰白雲，還有一小片藍天，雲正在緩緩飄動。除了天花板與出入的鐵門之外，並沒有其他門窗。你可以試圖撞門或破門，但那不是正確的破解方式。這房間除了自然光外沒有照明，空調則是來自門上一個十乘十公分的出風口。

在房間正中央的地板上，有以下的物品：一顆棒球大小重約一公斤的金屬球，三瓶1000cc塑膠瓶裝礦泉水，一支放大鏡，一張空白的A4影印紙。

除了我所提到的條件之外，房間中所有其他細節，都與離開房間的方法無關。當然，你可以運用工具來幫助你查詢《莊子》的內容，因為只有《莊子》全書的內文線索，才能幫助你找到正確的脫逃方式。

請問，你要怎麼做，才能離開這間密室？

猛哥：「老闆說難度比較高喔！我也感覺真的比較難耶，一看就很像那個什麼？科學實驗？這個放大鏡，不是小學的時候會用到的嗎？我女兒小時候也有買。我有買給她，在家裡用太陽燒東西。所以是要用這個把紙燒掉嗎？可是現在好像沒太陽。」

音樂老師伸手制止準備實作的男人們：「我覺得先不要急，先想清楚再來動作。這一間沒有人或其他的線索，大概就只能從天窗和這些工具去發想了。當然這些工具也是有可能誤導啦！」

儲想搶指揮權：「天窗也是有可能誤導啊。雖然我覺得不太可能。不然分頭去查？一個查天空有關章節，一個查這些工具？」

意麵妹：「有，我已經在找天空了。其實〈逍遙遊〉一開始就有了，第一段就有一句，是問『那個藍色的天空，是不是真正的藍色呢？』你看這四周的牆都是天藍色的，我覺得鐵定和這段有關係。」

音樂老師歪頭想：「但是現場的工具好像就沒什麼關係了。吃瓜瓜的時候，所有工具都會用上，這間就所有工具都不用嗎？」

儲：「這樣反轉好像很奇怪，也需要理由來支持吧？我個人是這樣看，現場有放大鏡，又有水瓶，或許會和光有有關？要用現場工具做出彩虹？莊子有和光相關的段落嗎？」

意麵妹連忙出聲：「我有在查了。等一等。等一下。嗯，光啊，和光相關的段落不多，但是，我看不出和現場的工具有什麼關係耶。」

音樂老師遮著嘴說：「可能不是直接相關。這關已經提升難度，顯然不會像前面那麼直接了。我覺得會有隔一層的想法哦！」知盛發現她遮嘴時，食指會輕輕點著鼻尖。那是代表她思考的節奏吧。果然是教音樂的。

猛哥的思考迴路沒辦法隔太多層：「如果難度一樣很低，我覺得搞不好就是拿鐵球打破上面的壓克力喔！」

儲連忙揮手制止：「那樣太危險了啦！也和莊子好像沒啥關係。而且如果是壓克力，又這麼厚，用這種小鐵球應該是打不穿的喔。壓克力的性質和玻璃差很多。」

猛哥似乎很堅持這種暴力流：「有沒有可能這其實不是壓克力？這搞不好是玻璃，還是是LED螢幕？一打破，就被我們發現什麼真相？」

音樂老師搖搖頭：「這樣講，比較像是某些佛教或禪宗的風格，莊子或道家似乎不走這路線。雖然兩邊有點像。」

意麵妹提供進一步資訊：「我剛剛又搜尋了。看來看去，應該還是只有這大鵬鳥的章節比較有關。它整段原文是說，大鵬鳥很大，一拍翅膀會揚起大風和水氣，天上的雲都是牠帶起來的。然後莊子追問，天是藍色的，但那真的是藍色的嗎？還是天空太大，人肉眼看不到底呢？」

猛哥皺眉：「藍天啊。難道我們要等到雲跑掉，變成藍天？等到天空和這個牆顏色一樣才能走？那晚上來玩的人怎麼辦啊？」

音樂老師不太能認同：「可是這樣就很被動啊，應該很容易超過一個小時的限制時間吧？」

儲決定從人文切回理工：「對了，天為什麼是藍色的啊？應該是某種物理學原理，我好像有看過網路文章說過。我來查一下。」

意麵妹把業務搶回來：「我來就好惹！我這台螢幕比較大。嗯……是一種叫**瑞利散射**的原理。說是白天時，日光經過空氣，藍光波長比較短，就會散射到整個空中。我也不懂，反正維基就是這樣寫的。」

音樂老師追問：「難道莊子有發現這種事嗎？」

意麵妹：「沒有，不可能啦！莊子沒這麼科學。而且我剛剛已經把和光有關的章節都看過一次，都和這個藍色理論沒什麼關係。」

猛哥有點急：「所以到底該怎麼辦？把水喝掉？還是那個小時候上學有弄過什麼三角型鏡子，光會分開的？」

「三稜鏡，我剛剛說過囉，那就是做彩虹啊，但光靠現場的東西是做不出來的。而且那個原理是**色散**，不是散射。」儲意外的有科學概念。但也可能是剛剛google出來的。

猛哥猛抓頭：「聽不懂。所以該怎麼辦？等到晚上？」

音樂老師：「我覺得大家應該冷靜一下。他的原文是問，天空真的是藍色的嗎？那這個問題到底應該怎麼回應呢。現在天空就不是藍色的啊，只有一小塊是藍色，而且那塊和牆的顏色也不太一樣。我們又不像大鵬鳥可以拍拍翅膀把雲吹走。所以我們到底應該做些什麼？」

儲態勢一軟：「我們的科學知識太少了，實在想不出能做什麼。」

音樂老師試圖鼓舞眾人：「那如果是普通歐巴桑來玩要怎麼辦？不就更想不出來？她們應該什麼都過不了吧，只會把前面那間的瓜瓜都吃了，然後意外過關。」這好像有戳到妹妹的笑點，她笑到停不下來。

儲從垂死姿態驚坐起：「等等，如果是要讓牆的顏色，變得像天空一樣，其實還蠻簡單的哦！你們知道顏色是什麼嗎？」

次頁解答

解

猛哥：「啊所以顏色是什麼？顏色不就顏色？」

儲邪氣的笑：「顏色是光造成的。所以閉上眼睛，就可以出去啦！」

音樂老師：「閉上眼睛？是會變成全黑沒錯啦，可是還有理由耶？」

儲像是已經通透，話接得很快：「理由也不難想，我認為就是剛剛講的那段。莊子問說，天藍藍，真的是天藍藍嗎？把原文叫出來看看。」

北冥有魚，其名為鯤。鯤之大，不知其幾千里也。化而為鳥，其名為鵬。鵬之背，不知其幾千里也；怒而飛，其翼若垂天之雲。是鳥也，海運則將徙於南冥。南冥者，天池也。齊諧者，志怪者也。諧之言曰：「鵬之徙於南冥也，水擊三千里，摶扶搖而上者九萬里，去以六月息者也。」野馬也，塵埃也，生物之以息相吹也。天之蒼蒼，其正色邪？其遠而無所至極邪？其視下也，亦若是則已矣。

儲指著手機：「這是莊子全書最前面，〈逍遙遊〉的破題。這段翻成白話，就是說北海有超大的魚，叫鯤，牠有幾千里大，牠還會變成鳥，變成鳥的時候叫鵬，也是幾千里大。這怪物暴怒一飛，翅膀可以遮天。牠飛到南海時，一拍水，水噴起三千里，噴起的水氣沖高到九萬里。天空各種雲霧都是被這種氣息吹動。所以天的藍色，是它**真正的**顏色嗎？還是天太大，我們看不到底，才會這樣覺得呢？」

意麵妹補充：「你們這樣聽一定聽不懂。這其實是在講大小帶來的視野差別啦。莊子故意講那種不存在的大怪獸，讓你的想像力破表，破表之後，你才能接受他的問題。如果他直接問你『天真的是藍的嗎』，你一定會覺得他是神經病，但是他先講了大怪獸的故事之後，人就比較會接受自己原本的經驗和視野是很有限的，懂的很少，所以他問天真的是藍的嗎，你也會比較認真看待這個問題，然後發現自己的無知。」

猛哥一臉呆：「我還是聽不懂耶。」

儲又來補充：「好吧，我再講得簡單一點。我們人在觀察這個世界的時候，會習慣從現有知識，還有過去的經驗出發，但這種眼界就比較狹窄，會讓我們錯過很有趣的東西。像是天為什麼是藍色的，你就覺得很自然，就不會去想。莊子就是要去提醒你，有這種超級大魚、超級大鳥，你都不知道吧！你知道的太少了，所以應該保持某種程度的好奇心，去注意那種習以為常、覺得很普通的現象，我們就可以在思考的時候，想得更深，更遠。像是回頭想想，如果從大鳥的眼睛來看世界，世界也依然相同嗎？」

猛哥：「嗯，雖然我還是不懂，不過我大概知道你的意思啦，就是說，我們想事情，會受到成見的限制，就會錯過一些東西。」

儲點頭：「大概是這樣沒錯。所以莊子的策略，是一開始就要打破你腦海中對於南北啦、天地啦，還有魚鳥、雲霧的成見，然後把這些經驗亂重組，搞出各式各樣古怪、甚至是不合邏輯的怪獸或故事。在這些怪獸身後呢，卻有一片是你很熟悉的藍天，但是這片藍天，他也要打破，他用的方法也很簡單，就是問你那真的是藍的嗎？」

音樂老師：「嗯大概是懂了，但是這要怎麼拉到閉眼睛那邊去啊？理由感覺不是很明確。」雖然她又雙手合十，但手掌偏向右側，靠在臉旁，反倒像是裝可愛了。

儲：「好，我來說明這是怎麼推出來的。我看到現場的工具，又看到這些藍藍的牆和地板，就發現這些工具並不是直接要用，而是要幫助你聯想。金屬球可以用來打破東西，但碰到壓克力卻打不破。還有，金屬球拋光的反光外表，還有礦泉水塑膠瓶和放大鏡，這些都可以用來轉變或反射光線，卻很難做到完美。紙和放大鏡的組合，讓你想起小時候用放大鏡聚焦燃燒的實驗。這些都是人會有的經驗，卻也都是某種有限的東西，這些都沒辦法直接幫助你逃走。」

音樂老師：「所以這些都是有限，那閉眼為什麼可以打破有限？」

儲：「好，一樣是聯想。這四面牆和地板都是天藍色的，就只有天窗看出去的天空不是藍的，一看到這種場景，你就會想到，就像我們剛進來時想到的，也應該讓天空變成藍的，因為之前的每一個房間，都是六面同色系，我們已經習慣這種想法了，很自然會想到這點。但天空上的雲朵狀況，人不可能去控制，現場的工具又幫不上忙，那要怎麼讓六面都變成同色系呢？用等的？等不到怎麼辦？我甚至想到，有可能一進來從這個天窗看出去，就是剛好沒雲，是天藍色的，那不就會自動過關嗎？但我又想到天空的藍，總是會和房間的藍有差別吧？」

音樂老師：「對，就算是真的沒雲，色調也會有差別。」

儲：「所以囉。人的眼睛一張開，就會看到差異性，就算只差一點點，也是有差。所以真正的框框，真正造成差別的，真正的限制，就是我們的感官。這是**無形的框架**，我們很容易會忘記有這個框架的限制。那要怎麼超出這個限制呢？我的推論就是閉上眼。閉上眼，四面牆和天地就都沒有顏色，或說是黑的。牆和天花板還是在，但就是沒了顏色。這就是拿掉顏色的框框了。」

音樂老師：「這樣講我就懂了。我比較會用聲音思考，所以一時之間沒有參透。其實這間講的梗，就是我們對顏色的執著嘛！我們之前一直討論的都是光和顏色，那是因為看得到，就會有這種執念，就把自己封在這個房間了。閉上眼睛，人的確可以跳出這種執著。這一關真的有難喔！」

意麵妹累了，直接坐下：「那要誰去門口說明呢？我就在這邊閉目養神好囉！」

儲轉身：「我提出的解決方案，當然是我去面對啦。」

儲又開了一罐可樂：「ㄟ大哥，你們今天也是休假嗎？」
「是啊！你們不也是休假嗎？」
「我以為大哥你們這種行業是休農曆的捏！還是和下游配合？」
「過去是看狀況啦，有時候農曆過節前後更忙，現在都改休你們的一例一休啊。其實是我們自己決定休什麼時候啦！因為客戶不開門，我們也沒辦法做生意。送貨去沒人開，不就好笑！」兩人還真的呵呵笑了。
儲硬把這話題聊開：「那最近幾年生意好嗎？」
「穩穩做啦。這行是做人情！就都是賣同樣的那些人，普通啦，沒有好壞。生意好就多賺，生意不好，就趁機休息。人真的要休息，你們現在年輕還不知道，像我們一過四十歲，就會發現身體變差得很快。真的要多休息。」
「不會啦，大哥看起來狀況很勇捏！」儲總是能從小文青隨時切換成業務員，音樂老師的表情看來是極度佩服他這一點。知盛隨手開了罐青草茶給猛哥。他發現猛哥很愛這味。
猛哥匆忙接下：「啊！謝謝！謝謝！這我自己來就好。我這個年紀喔，因為有在做生意，有在搬貨，又不菸不酒，所以還好。但是我很多認識的喔，在市場的人喔，都一身是病。很可憐，很可惜。而且我放假也是會覺得很累，走一走可以，要跑就不行了啦！」

「突然跑會有風險啦！要慢慢來！」儲一臉「真的很危險」的誇張表情。

猛哥：「對啦！我知道你們現在年輕人都有在跑什麼馬拉松，我是不可能跑啦！現在就頂多陪家人四處動一動，不要小孩還在讀書，自己就倒了。還有喔，老了以後要小孩照顧，麻煩喔。啊對了，我記得剛剛這邊看到一篇講安樂死的。那種躺很久的喔，全家都辛苦啦！我是覺得安樂死喔，好像要有會比較好啦！」

「在這邊，這邊這一篇。」知盛指給其他人看。

猛哥還是講個不停：「我是命好啦，自己爸媽都還在，也能走，能動，但是很多同輩的朋友、同學喔，都被長輩拖著。所以我也都會想喔，自己要顧好自己啦！每個人都先顧好自己，真的不行的時候，一倒下來，就生不帶來死不帶去，這樣最好，家人都不會辛苦。你看我這種阿伯，就是話多，一講就一串。」

「不會啦！大哥講得很有道理啊！」只剩儲沒去看那篇文章，堅持當忠實聽眾。

但意麵妹已整張臉貼在公告欄前：「安樂死啊？莊子不是超脫生死嗎？哪還會有安樂死啊？」

莊蜩與蟪施，是兩隻很有禪意的蟬。

蟪施：「失去了行動了能力，只能癱躺的人，真是慘啊，還不如早點用安樂的方法死去呢！」

莊蜩：「生與死，都是自然，就算是癱躺著，也是自然，何苦強求生，又強死呢？這是看不清生死的本質，也不瞭解病痛與健康的分別呀！」

蟪施：「生與死的分別如此明顯，所以人都追求生，逃避死，就是因為愛生，所以才會癱躺在那呀。健康與疾病的分別如此清晰，所以人都喜歡健康，厭惡疾病。跳過這種區別，說生死都是自然，只怕是因為對此無能為力，而逃避面對實情吧？」

莊蜩：「你以為是在追求生，但生是可以追求的嗎？正是追求了不該追求的，才讓生成為痛苦，有些人更因此會去追求死了。像是癱躺的人，不就是因為在生死間努力掙扎，才會越來越痛苦嗎？生死都是自然，去對抗自然，然後說這是健康，這是安樂，那都是自尋苦路。總以為安養了自己的形體，就是好事，卻為此錯傷了自己的精神，這又有何高明之處呢？瞭解生命與形體的不可控制，人才能真正脫離苦痛。因為追求健康損及了精神，因而覺得生命太痛苦，而想安樂求死，這是「歸」，覺得死亡可怖，甚至為了求生而害人，這是「矛」，歸矛之人，總是想以生避死，又想以死逃生，在生死之間來回，而痛苦萬分，這是根本就搞錯了為人之道呀！你是隻蟬，居然陷在人的愚蠢之中，放棄了原本鳴叫的自然天性，不也是一種歸矛嗎？」

蟪施：「嘰～♫」

意麵妹轉頭問候老姊：「嗨，歸矛。」

「妳才龜毛。」

「這些文章到底是什麼意思啊？老闆是想對客人講什麼嗎？他的理念？」

Rita又進來了。「這個是我們定期會出的，就像我們超渡莊子的週報哦！是老闆希望對所有客人講的話。不同的人看了，會有不同的收穫！請大家放下手邊的飲料和食物，我們要進下一關囉！」

第七密室

餐房

猛哥才進房，就回頭叫還在走廊的意麵妹：「妹妹！妳不用煮麵了啦！這一間什麼都有！」

音樂老師連忙補了句：「豬八戒妳先別動哦！先聽看看說明！」

這間密室，依然是有點難度的A級關卡，有點難又不會太難，小難之中有大難，這是真難還是假難咧？

這間密室已經鎖上，你要離開這間密室，必須做某些事，並且對著唯一出入口的門把低聲說明之所以這樣做的理由。如果答案正確，門會打開。接著是與脫逃可能相關的密室資訊。

這房間的室內高度是三公尺，長寬都是十公尺，四面牆、天花板和地板都是白色的。除了出入的鐵門之外，並沒有其他門窗。你可以試圖撞門或破門，但那不是正確的破解方式。照明來自天花板的一支兩呎白光日光燈，空調則是來自門上一個十乘十公分的出風口。

在房間正中央，有一張中式十人大圓桌，以及五人的椅子與餐具。桌面上有以下的餐點：正宗台南牛肉湯一碗、虱目魚粥一碗、美而美系列豬肉蛋堡一份、客家炒米粉一碗、丹丹麵線羹一碗、麥當勞豬肉滿福堡一份，小七的甜玉米沙拉一份。

除了我所提到的條件之外，房間中所有其他細節，都與離開房間的方法無關。當然，你可以運用工具來幫助你查詢《莊子》的內容，因為只有《莊子》全書的內文線索，才能幫助你找到正確的脫逃方式。

請問，你要怎麼做，才能離開這間密室？

猛哥很滿意：「啊說明聽完了。大概是吃的，所以我很認真聽。哈哈。這關只要吃飯是嗎？可是他說難度比較高，應該就不是直接吃喔？還是要照什麼順序吃？」

儲轉頭望向意麵妹：「這關的確比較傷腦筋，因為都是現代的東西。莊子裡面有談吃的嗎？」

「當然有啊。前面不就有瓜。但這一關吃的東西都是很複雜的菜，應該都是莊子時代沒有的。而且這些餐裡面對一堆材料，是要怎麼找關鍵字啦！」意麵妹很在意她的工作量。

音樂老師開始指揮：「還是要挑一個人或幾個人吃？啊，我想到了，會不會是分類？」

猛哥支持往分類的角度去切：「對呀！我在想這個老闆是不是南部人？很多南部的東西，所以是用南北分？」

音樂老師：「可是理由呢？分了之後要吃嗎？是南部人的吃南部？北部人吃北部？順應地點才自然？」

猛哥無法參透音樂老師的原理：「這樣很奇怪呀！應該還是順序吧？從早餐開始吃嗎？」

音樂老師：「可是莊子有說吃東西要照早餐午餐晚餐嗎？我記得古代好像只吃兩餐耶，就早午餐和晚餐。」雖然是肯定句，但她的表情看來沒那麼確定。

意麵妹火速查好：「我現在只能確定和早餐晚餐的資料很少。早餐叫饔，晚餐叫飧，莊子有提到飧，但沒有什麼重要性。不過如果基本上莊子的概念就是要順應自然，那要自然的話，就是要從最像早餐的開始吃呀！」

儲又有新的分類：「我剛剛比對了一下，會不會是中西式之別？」

意麵妹思考幾秒就推翻儲的意見：「你要這樣分的話，還有個客家的耶，而且美而美那種東西算中式還西式？丹丹也是混合的呀？雖然麵線羹是中式啦！」

猛哥帶著滿意的微笑說：「我剛剛已經想到一個順序了，就是開店的時間，最早是牛肉湯，然後是美而美，然後是麥當勞……不過，客家米粉是幾點開？」

音樂老師：「不是這樣啦！小七是開24小時的，哪有幾點開的問題。」

猛哥靈機一動：「還是營業時間長度？」

意麵妹舉手：「還是熱量？熱量最低的？不過莊子好像也沒說要吃輕食還是比較淡的耶。」

儲想先排除掉一些可能性：「還有，那個時代料理方法還很原始，食材也不多，所以我認為不會是從食材或是菜式本身去推出答案。」

音樂老師：「會不會是找出其中的食材，是莊子時代就有的？」

意麵妹：「這好像之前講過？找到又怎樣？找出來吃掉嗎？可是這樣為什麼可以過關？」

猛哥還是堅持己見：「我還是覺得喔，就照我們吃飯的習慣順序吃，這樣就最自然了啊！開開心心嘛！」

音樂老師：「可是我們每個人吃的習慣又不一樣。而且我們怎麼分？均分？還是挑自己喜歡吃的吃就好？」

儲突然拍手：「等等。我想到了，你們這樣一講，我就想到了。有一個莊子的寓言就是吃的。你們有沒有發現，這邊的餐有**七份**，和我們的人數對不起來？你們有想到了嗎？」

113

次頁解答

解

意麵妹有點驚訝：「七？我沒查過，來查一下。」

儲笑了：「不用查了啦！我說的就是**朝三暮四**。」

猛哥很驚訝：「朝三暮四是莊子的喔！那個猴子吃東西的嘛！」

儲說：「對。要說明理由，就要拿〈**齊物論**〉原文來講，我已經有用手機找了。」

其分也，成也；其成也，毀也。凡物無成與毀，復通為一。唯達者知通為一，為是不用而寓諸庸。庸也者，用也；用也者，通也；通也者，得也。適得而幾矣。因是已。已而不知其然，謂之道。勞神明為一，而不知其同也，謂之朝三。何謂朝三？曰狙公賦芧，曰：「朝三而莫四。」眾狙皆怒。曰：「然則朝四而莫三。」眾狙皆悅。名實未虧，而喜怒為用，亦因是也。是以聖人和之以是非，而休乎天鈞，是之謂兩行。

「他猴子這段前面，還有個理論的起頭。簡單說，就是莊子認為，區別就是生成，生成就是毀滅，其實都是『一』。如果人能瞭解『一』的道理，就OK了。這『一』的道理呢，就是道，反正你想那麼多，還是會終歸於道這個『一』。然後他說這道理叫『朝三』，什麼是朝三呢？有個叫狙公的人養猴子，說早上給三升下午四升，猴子就火大了，那改成說早上四升下午三升，猴子就爽了。實際上總量根本沒差，但猴子爽就好了。所以聖人呢，就是會走比較調和的路線。」

音樂老師說：「過去大家用朝三暮四這成語，好像是說反覆無常，沒有信用的意思耶！」

儲搖頭：「但是原出處不是這個意思。現代人可能會笑猴子蠢，但莊子的重點是，他認為事物背後的道理是一樣的，你硬要去分別，意義不大，只是增加痛苦與不滿。所以大家開心就好。」

意麵妹：「那和這個房間有什麼關係？只是剛好加起來七樣嗎？」

儲：「如果用分別的角度來看，有很多是三和四的區別哦！像是用中西式來分，是中有四個：牛肉湯、虱目魚粥、客家炒米粉、丹丹麵線羹；西有三個：美而美系列豬肉蛋堡、麥當勞豬肉滿福堡，甜玉米沙拉。如果是用地域來分，是南三種：牛肉湯、虱目魚粥、丹丹麵線羹；其他四種：客家炒米粉、豬肉蛋堡、豬肉滿福堡，甜玉米沙拉。如果是用早餐與其他餐點來分，是早餐三種：牛肉湯、豬肉蛋堡、豬肉滿福堡；其他四種：客家炒米粉、虱目魚粥、丹丹麵線羹、甜玉米沙拉。」

「可能會有點爭議啦！但的確可以這樣分沒錯。」意麵妹盯著比對許久，畢竟吃是她的專業。

儲：「可是這種分別很沒意義，因為任一種分法和你真正想吃或不想吃，是脫節的，沒有關係的。整體來看，『三』、『四』、『七』、『吃的』這些關鍵字，和我們『區分了半天很生氣』，與『最後冷靜想想，其實怎麼吃都沒差』。這些關鍵字就串上朝三暮四了。」

音樂老師：「找到關聯性了，那要怎麼脱逃呢？」

儲：「老師妳剛剛也講了啊，挑自己喜歡吃的就好啦！莊子這段是說，我們人很愛做區分，其實沒有意義，這些東西都是『一』。猴子為了朝三暮四生氣，其實背後的道理也是『一』。人人都會吃喝，也都要吃喝，但執著於分別，日子就難過了，人與人就會起爭議，公道價也會變到八萬一，太傷感情啦。」

「所以就直接吃嗎？吃自己想吃的？不用吃到完？」音樂老師已經在動手推她妹去桌子了。

儲也招手叫意麵妹過去：「對，就開開心心吃，吃自己想吃的，妳可以一個人全吃到完，也可以不吃加香菜的。開心最重要。」

意麵妹瞪大眼：「所以大家都沒意見了喔？可以開始吃了嗎？」

猛哥斜眼：「妹妹妳是有多餓？不是剛剛就一直在吃嗎？」

音樂老師大笑：「大哥你把我的台詞講掉了！」

眾人還在笑鬧，知盛已幫眾人排好碗筷了。「快吃吧，有些感覺還是熱的。」

儲：「女士先選吧。等大家吃飽，吃爽了，我再去門口說理由囉！」

儲一進房就抱怨：「離晚餐時間還很久，可是我感覺已經吃飽了。」

猛哥笑他：「啊年輕人吃這樣一點就飽喔！」

儲從冰箱拿了一罐養樂多：「剛剛吃那麼多西瓜耶！」

猛哥卻有他的老練盤算：「那你還喝飲料！不過我也吃不多啦，我想說之後搞不好還有要吃的，所以一直不敢吃太多。」

儲：「對喔，很有可能耶。但我想既然要隨性吃，所以我就吃飽了。我先去個廁所。」

女生們也學他各拿了瓶養樂多。老姊問老妹：「妳傳LINE問一下爸媽在哪邊。」

「之前傳的都被他們已讀不回了。」

「再傳一次吧。」

「那妳為什麼自己不傳。」

「我和他們不熟。」

「喔。」

知盛在房間角落揮手：「妳們手機要充電嗎？這邊有快充的USB孔。」

意麵妹跑了過去：「這邊老實説真的不賴，白吃白喝的，該有的都有。但是休息時間真的太短了。」

音樂老師也來充電：「妳說這休息室不賴嗎？可是很多顯然就是給你看看，但吃不到也用不到。像只有五分鐘是要充什麼電。」

意麵妹看了時間：「有啦有用到啦！也有吃到一些啦！雖然休息時間很短，不過我們也已經玩了快三小時了。還有五個房間耶，一開始他們不是說兩個小時嗎？」

音樂老師還是選擇小充幾分鐘：「其他人能撐這麼久嗎？那是平均才是兩個小時吧，多數人搞不好玩一兩間就走了吧？我記得他說十二關要四小時。」

儲已回來：「對，我覺得普通觀光客大概前兩三間就會撤了。搞不好第一間就掛了。」

「那他們不就吃不到剛剛那些東西！」意麵妹覺得這是最大的遺憾。

儲吐槽她：「那些也還好吧，很普通呀！」

「入寶山空肚而回，可惜捏。不知道有沒有人留在這邊煮麵而放棄去房間的。」

音樂老師一臉嫌惡：「那只有妳會這樣吧！」

「對啊，我們這組為什麼能玩這麼久呢？是因為一路都過得很順嗎？還是我們有病呢？」儲開始反省人生。

意麵妹反對他的前提：「我覺得沒有很順耶。一直卡卡的。」

音樂老師說：「還是覺得其他設施的更不好玩？」

「也許吧。不過我也沒玩到什麼其他的。」

「對妳來說，這邊比較好吃吧。」

「還是沒吃到啊！」

「只是沒吃到意麵吧！其它東西妳吃多少了！」

121

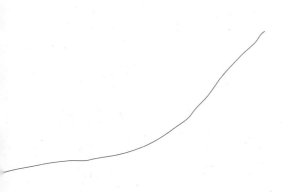

第八密室

鳥房

才踏入門口，意麵妹就僵住：「籠子裡面的是蟲嗎？」

音樂老師回以白眼：「史上最白痴女人出現了。」

「妹妹，那個是麻雀啦。」猛哥忍笑。儲倒是很苦惱：「又有吃的了。該不會一路吃到掛吧？」

這是個看來很簡單，實際上卻很不簡單的關卡！

這間密室已經鎖上，你要離開這間密室，必須做某些事，並且對著唯一出入口的門把低聲說明之所以這樣做的理由。如果答案正確，門會打開。接著是與脫逃可能相關的密室資訊。

這房間的室內高度是三公尺，長寬都是十公尺，四面牆、天花板和地板都是草綠色的。除了出入的鐵門之外，並沒有其他門窗。你可以試圖撞門或破門，但那不是正確的破解方式。照明來自天花板的一支兩呎白光日光燈，門旁右下方有一個可供電的插座，空調則是來自門上一個十乘十公分的出風口。

在房間正中央地板上放了一個長寬高各兩尺的鳥籠，裡面有三隻麻雀。牠們目前看來情緒穩定，但有可能被你們的動作嚇到而去撞籠子，因為牠們原來都是野生的。牠們沒有禽流感的問題。應該沒有，因為我也沒辦法確定牠們有沒有，至少看起來還算是蠻正常的。

除了鳥籠，還有以下的工具：中型十字螺絲起子一把，八盎司重的小鐵鎚一支，九吋老虎鉗一把，十乘十公分的薄白鐵片三片，一包桂格一千八百克五穀飯，一個三十公分直徑的湯鍋，五個飯碗，一個電磁爐，四瓶兩公升寶特瓶裝的純水。

除了我所提到的條件之外，房間中所有其他細節，都與離開房間的方法無關。當然，你可以運用工具來幫助你查詢《莊子》的內容，因為只有《莊子》全書的內文線索，才能幫助你找到正確的脱逃方式。

請問，你要怎麼做，才能離開這間密室？

猛哥一臉得意：「你們可能不相信哦！這個我知道！我知道莊子裡面有一個養鳥養到死掉的！拿很多好吃的東西餵牠，然後養到死掉的！所以我覺得是把鳥放掉就好了！」

儲：「是魯侯養鳥。這很冷門喔，大哥居然會知道這個很冷的寓言，大哥其實也是讀過很多書的嘛！」

猛哥還是得意：「不是我讀書的時候看過的啦！是我女兒小的時候，我有買什麼童話故事的CD在家裡放給她聽，好像是那個時候聽過的！」

音樂老師很驚訝，因為她聽都沒聽過：「童話故事會有喔？這樣講我好像沒童年了。這故事內容是啥啊？」

意麵妹查到了：「這是說，魯侯，就是魯國的君主，用招待貴客的方法養一隻罕見的海鳥，結果養到死掉。但就這一間的狀況來說，好像也對不太上，因為這是麻雀啊。還是這和大鵬鳥與小麻雀的故事有關呢？」

音樂老師：「那妳查啊！這裡不就妳最會查！」

意麵妹：「ㄍㄢ……好吧等一下。還好有這個全文檢索系統。等一下，等一下哦。嗯……我找到兩段可能相關的，等一等。第一個，就是我剛剛講的，〈**逍遙遊**〉中的小麻雀嘲笑大鵬鳥的那個，意思就類似燕雀安知鴻鵠之志的。另外一個很冷僻喔，應該沒人知道，但是和這關的內容有關！直接有關！」

音樂老師：「直接有關？」

「是在〈**庚桑楚**〉，這是很少人知道的一篇。」

一雀適羿，羿必得之，威也；以天下為之籠，則雀無所逃。是故湯以胞人籠伊尹，秦穆公以五羊之皮籠百里奚。是故非以其所好籠之而可得者，無有也。

「這段什麼意思呢，我要看一下白話……嗯，這是說，一隻麻雀飛到后羿面前，他一定射得到，但也就這樣一隻，不過以天下做為籠子的話，就沒有雀可以逃跑了。所以商湯用廚師來籠絡伊尹，秦穆公用五羊皮來拉攏百里奚。要用人愛好的東西去籠絡他。」

猛哥深吸了一口氣：「好像很有道理，但是聽不懂。我的意思是，妳說有關係，但是我聽不出和現場的東西有什麼關係耶。」

意麵妹補充：「我看這一段的前後文，好像是在講要順應自然，要順著本性。那就又會回到魯侯養鳥的段落了。反而和那個燕雀安知鴻鵠之志的沒有關係。」

音樂老師：「嗯，那就把魯侯養鳥的那段撒來吧！」

意麵妹：「……原文是在〈至樂〉篇。」

昔者海鳥止於魯郊，魯侯御而觴之於廟，奏九韶以為樂，具太牢以為善。鳥乃眩視憂悲，不敢食一臠，不敢飲一杯，三日而死。此以己養養鳥也，非以鳥養養鳥也。夫以鳥養養鳥者，宜栖之深林，遊之壇陸，浮之江湖，食之鰍鰷，隨行列而止，委蛇而處。彼唯人言之惡聞，奚以夫譊譊為乎！

「這整段簡單來講，就是用養人的方法養鳥，當然不行，養鳥要用養鳥的方法來養，要放牠回山林江湖。」

猛哥苦思中：「所以就像我講的，放出來就是了吧？可是放出來還是在房間裡面呀？感覺還是不自由耶。」

儲指著門口：「門板上面有個通風口，難道是從那邊放出去？看來有蠻多工具可以用的，那只是個百葉窗之類的吧？應該不難打開？」

音樂老師：「從那個口把鳥放出去，還是在走廊上啊，不是室外。這門外是我們在各房之間移動的那條走廊耶。」

「看這段的上下文，我也認為是要想辦法放出去耶。如果從門這邊不行，該怎麼放呢？挖牆？用那鐵鎚破牆？」意麵妹講完想找鎚子，卻發現東西已在猛哥手上。

猛哥掂了掂那鎚子的重量：「用這種鎚子敲，不知道要敲多久。也許敲一個可以放鳥的小洞是很快啦，不過這會是答案嗎？」

儲踩煞車：「雖然我之前也想過這種方法，但我現在覺得太暴力不太合莊子的態度。他是說要順應本性，鳥要照鳥的方法養，那人就要照人的方法養，不能弄錯。我們被關在這邊也不開心呀！我們也要出去呀？那養人的方法是什麼？」

猛哥好像懂了：「還是像前面幾關那樣，也是吃的，把那個粥煮來吃一吃？沒辦法養鳥，先用這個粥來養人！」

儲一臉被擊倒的表情：「大哥，我剛才那關已經吃很飽了！而且這關沒有筷子湯匙耶！」

猛哥安慰他：「我可以幫你吃啦！可是沒湯匙，就真的沒辦法吃。還是要用鐵片和鐵鎚去打出湯匙？這個應該不難！」

意麵妹：「可是現場打的餐具，我不太敢用耶。鐵片上面不是都會有油？這裡沒有洗碗精。」

音樂老師這時突然跳起來，雙手都比 YA：「我想到了！我想到了！我知道答案了！鳥就算放出籠子，也是在房間，放出房間，也是到走廊，就算能出走廊，剛剛講的段落裡，也有提到以天地為籠，鳥就都還是困著嘛！」

猛哥：「所以咧？」

音樂老師：「所以我們想錯方向了啦！」

猛哥當然不在狀況內：「哪邊想錯？」

次頁解答

解

音樂老師：「不是鳥要逃走，也不是我們要吃，是鳥要吃啦！」

「啊？為什麼？」

音樂老師：「你想，原來為什麼會養死掉？那是用養人的方式來養鳥，當然鳥就會養死了。以養鳥的方法養鳥，就是放它自由飛，讓牠吃想吃的，讓牠過想過的生活。光是看莊子這段話，加上現場也有可破牆的工具，的確是會讓人覺得應該要放走鳥來過關。可是破牆顯然很大費周章，而且也會造成噪音，說不定會把麻雀嚇到撞籠死掉。」

猛哥點點頭：「所以如果要逃，也逃不掉。」

音樂老師：「那我們為什麼會覺得是人要吃飯呢？依照五穀飯，湯鍋，飯碗，電磁爐，四瓶純水的安排，加上之前房間也是在吃飯，會讓我們以為是要用『養人』的方法來『養人』，也就是自己煮來吃。但現場放了幾隻鳥，是要看你吃飯的嗎？何況要吃煮出來的粥，也要有足夠的餐具，又是要敲敲打打，一樣會嚇到鳥。」

猛哥終於懂了：「所以就變成鳥要吃？」

「對，最簡單的脫逃方法，就是**用養鳥的方法養鳥**。魯侯抓到的是海鳥，當然不會吃人吃的東西，但麻雀是在人生活環境中的鳥，基本上是雜食性，我覺得他們應該會吃這個五穀飯，如果整顆太大的話，只要把五穀飯磨得碎一些，牠們就有可能去吃。要用礦泉水瓶蓋或碗裝水給牠們喝也可以，反正鳥願意吃喝，就代表我們有順著牠們的本性，問題不就解決了嗎？」

儲擢促眾人：「我覺得這說法有道理。如果大家沒意見，就快操作吧！衝一發，討論花掉太多時間了，真的放下去，不知道多久才會吃咧！」

儲故意拍拍手：「剛剛那鳥一放就秒吃，小姐妳回來這邊也是**秒吃**耶。」

意麵妹：「他們有放新的蛋糕啊，不吃會被別人吃掉耶！」

音樂老師：「話說我們都沒碰到其他也在這裡的遊客耶，走廊上也沒看到，甚至也沒聽過有其他人的聲音。該不會只有我們一組吧？」

「把我們錯開吧？或許是怕我們聊天，然後講出破關的方法，有人就會很快拿到大獎。」雖然做了這推測，但儲也立刻去看牆上的公告是否有提到相關訊息。

音樂老師：「等到出去之後也可以講吧？上網寫遊記之類的。部落客那種不是很多？只是這邊不能攝影而已。但應該也會有人偷拍吧？」

意麵妹：「我沒查到比較完整的遊記耶，只有說有這個設施。還是沒辦法拍照就不想寫了。這裡很新嗎？一開始不是說試營運？」

音樂老師：「我覺得有點時間囉，我之前不是說過，他們地板像是拖了很多遍的樣子。而且你看，這邊有一篇是談同性婚姻立法的文章，應該有一段時間了！」

意麵妹：「莊子談同性婚姻？」

音樂老師：「老闆自己寫的啦！」

莊蜩與蟪施，是兩隻很有禪意的蟬。

蟪施：「聽聞外面的人們，有男與女結婚的，也有女與女結婚的，也有男與男結婚的，這樣可有合乎你所說的大道嗎？」

莊蜩：「這世界上，有人結婚，有人不結婚，你認為這都合乎於道嗎？」

蟪施：「若是沒有結婚，就沒有家庭，生育缺乏照養，生產少了分工，國家社會無法維持，這自然是不合於大道了。」

莊蜩：「如果大道只是繁衍，那如何解釋死亡呢？生成是大道，死滅也是大道，榮枯興亡，皆是大道。若結婚是大道，不婚非大道，那人生未婚，就是在大道之外了？夫先妻而死，妻先夫而亡，那也不是大道了？大道若是這樣，我還真不知什麼是大道了。」

蟪施：「那想請教一下，婚姻和大道是怎麼樣的關係呢？」

莊蜩：「人世間的一切，都是在大道之中的，婚與不婚皆是。若是相愛相合，相怨相別，都是大道流轉自然。你想以人力去追求，又或以人力去阻擋，最後只會造成痛苦與傷害。違反當事人本意強力撮合，這叫「闗」，比當事人還在意結離的過程，這叫「擬」，硬拆散佳偶，不肯成人之美，這叫「㛹」，反對少數的婚姻，就以為自己能成為主流，這叫「勢」。婚姻本是其人順性自成，旁觀者大呼小叫，一意和大道對抗，正是闗擬㛹勢，最後徒留痛苦。

婚姻本是其人順性自成，旁觀者大呼小叫，一意和大道對抗，正是關擬劈勢，最後徒留痛苦。許多人看不透這點，以為自己清楚大道，其實是走了小道，還要別人一同來走小道，最後只會被大道沖擊而潰，不只浪費生命之樂，更會導至自身的毀滅。你是蟬，就過蟬快樂自鳴的日子，何苦管人自虐呢。」

螅施：「嘰～♫」

Rita 已經進來，但意麵妹還是留在公佈欄前慢慢看：「所以這老闆是支持同婚的嗎？」

音樂老師對她招手：「關妳屁事。出發了。」

133

第九密室

雞房

猛哥故意鬧意麵妹：「這個妳知道是什麼吼？這個不是蟲哦！」

「我當然知道啦！是雞。」

「這不是普通的雞。要小心哦！比蟲還可怕，被咬到會瞎掉。」猛哥笑著警告她。

不要害怕！牠其實很友善。就算不友善，也關得好好的。只要你們別手賤去把牠放出來。

這間密室已經鎖上，你要離開這間密室，必須做某些事。如果行動正確，門會打開。接著是與脫逃可能相關的密室資訊。

這房間的室內高度是三公尺，長寬都是十公尺，四面牆、天花板和地板都是草綠色的。除了出入的鐵門之外，並沒有其他門窗。你可以試圖撞門或破門，但那不是正確的破解方式。照明來自天花板的一支兩呎白光日光燈，空調則是來自門上一個十乘十公分的出風口。

在房間正中央地板上放了一個長寬高各五尺的大鳥籠，裡面有一隻鬥雞。牠是真的鬥雞，是真貨，我不是隨便找隻雞，就說牠是鬥雞，所以非常的貴，請小心對待，如果牠有任何病傷損失，各位要照價賠償哦！

牠目前看來情緒穩定，但有可能被你們的動作嚇到而去撞籠子。牠沒有禽流感的問題。

除了鳥籠，還有以下的工具：

一百五十公分高，寬三十公分的等身立鏡，三面鈴鼓，五個乳膠座墊，漫畫《銀魂》第一到第十二冊，圍棋組兩套，大富翁桌遊一套。

除了我所提到的條件之外，房間中所有其他細節，都與離開房間的方法無關。當然，你可以運用工具來幫助你查詢《莊子》的內容，因為只有《莊子》全書的內文線索，才能幫助你找到正確的脫逃方式。

請問，你要怎麼做，才能離開這間密室？

猛哥一臉猙獰：「啊啊啊！雖然還是鳥，但沒有可以餵的東西了，所以鐵定是要重新想過了啦。」

儲卻胸有成竹：「有特別強調是鬥雞了，那應該就是**呆若木雞**啦！」

猛哥大驚：「呆若木雞也是莊子喔！這句我知道，可是不知道是莊子耶，我還以為是其他的古代人講的！今天學到好多！」

音樂老師：「不過呆若木雞的原本意思是什麼呢？該不是發呆就能過關了吧？Google妹妹，查一下吧！」

意麵妹：「姑你的頭。這樣會讓我想學google翻譯的那個女聲講話。嗯……呆若木雞是〈**達生**〉的一段。這段大概的意思是說，有個人幫國王養鬥雞，養十天，說雞很驕傲，還不能用；養二十天，雞聽到聲音仍然會衝動；養三十天，還是氣勢很盛，依然不能用；養到四十天，雖然還是會叫個兩聲，但舉止看來已像是木頭做的雞，不會動，其他雞看到牠反而會嚇到跑走。就這樣。」

音樂老師想到歪嘴：「光是這樣，感覺不太好聯想耶，這段前後文的意思是什麼？」

意麵妹喊暫停：「我先看一下。這是莊子外篇的，比較沒組織。你們先討論。」

儲接手：「就字面意思來看，他是把雞養到沒有那種鬥雞的兇氣，反而能嚇跑所有的雞。就邏輯上來說，可以切的點有兩個：第一是這段話想講的重點到底是什麼？因為不像普通鬥雞一樣有鬥爭之氣，反而是靜靜呆呆的，才可以贏嗎？第二是這人到底怎麼養雞，才可以養成這樣？他到底做了什麼？」

猛哥也在幫忙出主意：「把雞關在黑黑的地方？或是一直嚇牠，讓牠最後習慣？啊！這裡有鏡子，是不是讓鬥雞看鏡子，讓牠以為有別隻鬥雞而生氣，然後氣久了就沒反應？我好像有看過這樣訓練動物的方法耶！」

儲認為這不可行：「可是我們只有一個小時，原來是用了四十天耶。我覺得要先找出我說的第一個問題的答案，大概才會知道第二個問題的方向。就是莊子講這一段的用意到底是什麼？這或許還是要看前後文才知道？」

意麵妹：「我大概看過之後的想法是，這個〈**達生**〉章很散，每一段故事看起來都是獨立的。這章一開始的破題，講的是人不該執著於外在，而是該掌握本性。達生就是通達生命的情理。」

儲有點卡條了：「所以鬥雞生命的情理是什麼呢……？」

「這只是我個人的理解啦！其實我也看不太懂這一章。」意麵妹退縮了。

音樂老師出來整理場面：「我覺得我們都太容易受到老闆暗示的影響。看到鬥雞就想到鬥雞的段落，然後讀完段落又很執著於解釋，一直往裡面鑽。我覺得莊子講的概念好像都差不多，就是要順著本性啦，不要執著啦，我們卻越想越執著，而且是執著於很表面。但這一章好像就是要我們不要執著於表面耶！」

猛哥：「所以鏡子那些工具呢？」

音樂老師：「大哥，才剛說不要執著惹！」

「如果我們就像鬥雞呢？我們也在和老闆鬥，也很愛鬥，一看到什麼就跳起來要鬥，以為是要解題用的。這樣講好像也說得通。所以呢？我們也來發呆？」儲裝得一臉呆。

意麵妹：「我覺得你剛剛提到的第二點，就是那鬥雞到底是怎麼訓練的，可以好好推敲一下耶。難道是一直嚇鬥雞，嚇到牠呆掉嗎？呆若木雞不是常常用來形容被嚇到？」

猛哥：「還是說，我們要自己嚇自己？嚇到呆掉就可以出去？」

音樂老師：「這樣又太直接了說。我覺得還是要有點轉一下的感覺。」

儲放棄原有路線：「這關還真有點難呢。又不是S級。還是有其他章有鬥雞呀？」

意麵妹點頭：「有，還有一段，很短，是〈說劍〉那章的，講劍術、劍道的。裡面有說，有種庶人之劍和鬥雞差不多，就是會暴衝，沒啥用處。不應該學這套劍術。」

音樂老師又遮嘴：「聽起來關係不大。怎麼辦？回到呆若木雞？」

儲有點放棄：「說不定我們在這邊楚囚相對，想到發呆，就是解答了。」

音樂老師：「但理由呢？」

猛哥：「我覺得還是看一下那些工具比較好耶！那漫畫是用來幹嘛的呀？可以拿來看嗎？啊你們年輕人有看過嗎？」

「那很好笑哦！」儲立刻回魂大推。

猛哥：「好笑喔？那是演什麼的？」

儲比手畫腳的亂講：「就一堆人沒啥目標的一直打來打去，解決任務啊！就是搞笑漫畫啦！很不正經的。」

音樂老師：「所以我們到底要怎麼辦呢？還是來看漫畫？線索藏在這些工具裡面？」

猛哥：「喔有可能喔！說不定寫在哪一頁喔，要不要打開來看看？」

儲才拿起一本，突然轉頭大喊：「ㄟ！我想到了！說不定出去的方法就是看漫畫！解決的方法很可能就是這樣！因為這樣就串得起來啦！」

次頁解答

解

儲說明：「我的意思是，我們不管那鬥雞，就做自己想做的事，要看漫畫，玩遊戲的就自己去做，做到大家都忘了脫逃，門就會自動打開囉！」

意麵妹驚到：「為什麼？因為看漫畫會看到呆若木雞嗎？」

音樂老師：「啊我好像懂你的意思了！重點是要忘記。**忘我**。」

猛哥：「我和妹妹一樣，都聽不懂耶！解釋一下啦！」

儲要大家坐下：「這說起來很長喔！鬥雞本來就是要鬥，而鬥贏是目的，其他枝節都是手段。那普通的鬥雞都帶有鬥贏的目的，其外表也充滿鬥氣。但這樣的氣勢不見得必然能贏。〈達生〉這個呆若木雞故事中的養雞人，可以把鬥雞養到沒有鬥氣，但是這麼沒反應的雞，卻可以在開打前就把其他雞嚇走，不但可以贏，甚至贏的機率也比其他雞更高。但是他是怎麼訓練，為何可以嚇倒對方，都不明確，那我推測，是外在表現上的『無』，才有這種強大的力量。」

意麵妹還在抓方向：「以柔克剛那種感覺嗎？」她和正在拆開大富翁盒子的知盛對上眼，偷偷笑了。

儲點頭：「如果鬥雞要鬥，那我們就是要逃。一直用力想逃的方法，雖然有時逃得掉，但也有可能逃不掉。但如果外在能進入無的境界，順應自己的本質、本心、本性，說不定就有繞一圈取勝的機會。不過身在密室中，想逃的內在目的總是很難消除掉，因此最好的方式，就是透過專注於其他目標，來轉移注意力。依現場條件，可以選擇打坐，看漫畫，下棋，玩大富翁，說不定連睡著都可以！

意麵妹：「我懂了！不過我想到一個問題。這裡要過關，是要去手把那邊講述脫逃方法和理由，但你如果去講了，不就又有逃的想法與做法了嗎？」

音樂老師：「哈哈，這不是問題。前面有一關，我不是說，我有發現那個廣播有比較短嗎？這一關的廣播說明又變得比較短了，少掉一些部分，但我沒聽清楚是哪些部分。不過現在想想，我認為少掉的部分，就是沒有要你對著握把講理由啦！只要做就可以了啦！」

儲把手邊的銀魂第一集交給猛哥，自己又拿了一本：「我本來還想說先去握把那邊講理由，之後再來看漫畫哩！那我們就直接看要做啥吧！他們應該會從某個地方觀察我們吧？」

儲用左手托著下巴，倚靠在流理台上：「我剛剛也在想，為什麼沒有人在網路上說這個超渡莊子怎麼玩，每一關要怎麼過。是因為覺得不好玩嗎，還是怕爆雷就沒意思。可是我覺得這還蠻有意思的，而且網路上各種爆雷的那麼多，為什麼就這家沒有。後來我得到一個結論，越想越有道理。」

音樂老師找到一罐奇怪的進口飲料，正在用力的扭開瓶蓋：「那！那，那，那你的結論是什麼！」知盛接過，幫她開了。

儲不留懸念的立刻解答：「我認為，原因就是他們說的大獎，那個過十二關之後拿到的大獎，一定很爛。這樣你玩過之後，就會覺得哇靠超爛，那我就不要講，讓其他人也來試過，然後中計這樣。這就是『不能只有我看到』原理。」

音樂老師雖然懂他的意思，卻無法完全認同：「但是真拿到爛獎的人，一定會上網罵吧？我覺得是玩到一半放棄或失敗的人太多了，而且第一關就S級，一定爆多人被刷掉的。」

「總是會有幾個人全過的吧？我認為能夠過這十二關的，一定很聰明，不就像惠施那樣嗎？會有很多詭計。所以，一定是因為『不能只有我看到』原理。」儲很堅持自己的結論。

「好吧。」音樂老師專心喝起飲料，然後皺了眉頭。

「不好喝嗎？」她妹問。

「不知道是什麼莓的進口果汁。妳看得懂這上面寫的嗎？」

「我中文系的不要問我。」

音樂老師想拿給知盛看，知盛卻只望著剛出來的猛哥：「大哥，剛才你上廁所的時候，手機有響。」

「喔，好，謝謝！我看一下。是LINE啦！小孩子傳的。」

音樂老師失去對飲料的興趣了：「大哥你小孩幾歲啊？」

「其實不小了啦！十五歲了。小朋友長大很快捏，才記得她要讀小學，一沒注意，就都要讀高中了。」

「那和我這個妹妹很接近啊！她才剛滿二十。大哥的外表看不出有這麼大的小孩耶！」

「我已經四十五啦！說不定都和你們爸媽年紀一樣了！」

「沒有啦！我和這個妹妹年紀差十歲啦！我們爸爸已經快六十了。」

儲小聲說：「哇！妳們年紀怎麼差這麼多？」

這印證了知盛先前的直覺。而且知盛認為，儲和猛哥應該也早就看出來了。

意麵妹晃晃頭：「嗯，怎麼說呢，因為我們的媽媽不同一個。」

音樂老師想解釋得清楚一點：「我們從小**不是**一起長大的，所以進來這裡之前，我們其實沒有很熟。」

男人們顯然更加震驚。幸好這時Rita推門進來。

知盛看見意麵妹鬆了一口氣。

第十密室

鷄

雞二房

意麵妹皺眉：「這間和剛剛一模一樣吧？」

音樂老師秒吐槽：「妳瞎了嗎？明明就有一個工讀生站在那邊。」

各位一定會對場景的相似程度感到訝異，這是因為進入尾盤，出現連鎖關啦。什麼是連鎖關呢？注意看細節，你就會發現關關相扣的秘密。

這間密室已經鎖上，你要離開這間密室，必須做某些事。如果行動正確，門會打開。接著是與脫逃可能相關的密室資訊。

這房間的室內高度是三公尺，長寬都是十公尺，四面牆、天花板和地板都是草綠色的。除了出入的鐵門之外，並沒有其他門窗。你可以試圖撞門或破門，但那不是正確的破解方式。照明來自天花板的一支兩呎白光日光燈，空調則是來自門上一個十乘十公分的出風口。

在房間正中央地板上放了一個長寬高各五尺的大鳥籠，裡面有一隻鬥雞。沒錯，和前一關相同！牠是真的鬥雞，請小心對待，如果牠有任何病傷損失，各位要照價賠償哦！牠目前看來情緒穩定，但有可能被你們的動作嚇到而去撞籠子。牠沒有禽流感的問題。

除了鳥籠，還有以下的工具：高一百五十公分，寬三十公分的等身立鏡，三面鈴鼓，五個乳膠座墊，漫畫《銀魂》第一到第十二冊，圍棋組兩套，大富翁桌遊一套。

沒錯！這一切和前一關一樣！唯一的不同，在於在這房間內，有一位我們的工讀生，你們可以和他交談，但就算不和他交談，他也會不斷提醒你們要逃出去，所以你們前一關的「分心通關法」，這一關就不能用啦！哈哈哈哈哈！

除了我所提到的條件之外，房間中所有其他細節，都與離開房間的方法無關。當然，你可以運用工具來幫助你查詢《莊子》的內容，因為只有《莊子》全書的內文線索，才能幫助你找到正確的脫逃方式。

請問，你要怎麼做，才能離開這間密室？

猛哥的腦力似乎有所提升了：「我剛剛才在想咧！前一關只要分心就能過，那之後的關卡，不就都做別的事，就都可以過？結果他們還真的派人來阻止我們做別的事。這個老闆真聰明！」

工讀生：**「請各位記得要想辦法離開這房間哦！」**

儲笑了：「原來是這樣提醒。ㄟ，同學，你知道怎麼過關嗎？」

工讀生：「我不知道耶，他們只叫我一直提醒客人要記得脫逃的事。請各位記得要想辦法離開這房間哦！」

猛哥：「他這樣一直講，蠻煩的耶！我都沒辦法想事情了。還是要他閉嘴就好？」

音樂老師先提醒眾人：「我剛剛注意聽了廣播，這間和上一間一樣，都是不用特別講理由，只要做對事情，門就會自己打開。」

工讀生：**「請各位記得要想辦法離開這房間哦！」**

儲有點煩：「但他這樣一直講，就真的沒辦法忘記要脫逃這件事了。說不定這關不是用同樣的章節？要用完全不一樣的思考方向？」

音樂老師：「還是我們堅持做自己的事，把他的話當耳邊風這樣，就可以離開了？」

工讀生：「不過，各位做其他事情的時候，我還是會換不同的話來提醒各位記得要想辦法離開這房間哦！」

意麵妹：「我聽他這樣講，說不定線索在這工讀生身上，也是要用問的？」

音樂老師：「可是他穿的就是普通的園區工作人員制服啊，不像之前其他人是cosplay。」

工讀生：**「請各位記得要想辦法離開這房間哦！」**

「好啦！你很煩耶！知道了啦！」意麵妹轉頭給白眼。

儲有點急：「這種煩人的程度，的確很難當耳邊風，我們還是思考一下，看看有沒有其他莊子的段落可能和這邊相關。同學，他們告訴你的具體工作內容是什麼啊？你要做什麼？」

工讀生：「嗯，主管是說，我的工作，就是一直提醒你們要記得想辦法逃出去。如果你們在討論莊子，就可以不用理你們，但如果你們在看書、下棋，或聊天，就要每三十秒提醒你們一次，或是看你們講話的空檔，就要硬插入你們的話題去提醒你們。你們問什麼問題，我都可以自由回答，但是要在講完的時候，在最後補上一句提醒你們要逃走。**所以請各位記得要想辦法離開這房間哦！**」

猛哥還是老梗：「你這樣一個小時多少？」

工讀生：「一小時一百哦！**請你們要記得逃走喔！**」

猛哥這次沒那麼驚訝了：「你們都一百，太少了啦！」

音樂老師低聲對儲說：「他提醒方法有點改變了。話有變短，可能是因為覺得錢少，心理上就怠工了。」

儲想了一下：「各位，我突然抓到一個梗。前一關是想要逃走，就需要忘了逃走，所以這一關老闆就派人來干擾我們，這不就是**螳螂捕蟬**，**黃雀在後**？我記得莊子也有螳螂捕蟬，但好像不是黃雀在後。」

猛哥：「這螳螂也是莊子喔，莊子怎麼那麼多成語啊。而且你都是用記的耶，不像妹妹是用查的，你怎麼這麼厲害？」

儲揮揮手，表示這沒什麼：「也是剛好有印象啦！不知道準不準，還是要查啦！要拜託妹妹查清楚一點。」

意麵妹趕忙出聲：「有，已經在查螳螂了。嗯……………這個在〈山木〉章。這一段是說，莊子跑到果園玩，看到有鵲鳥，想拿彈弓去打，才發現鵲鳥想吃一隻螳螂，那隻螳螂又想吃一隻蟬，於是說生物都是為了自利而為，然後忘了自身行動的風險。莊子想通了，就不用彈弓去打鳥，離開時還被管理果園的人罵，說怎麼可以自己跑進來。這整段的意思好像是說，人都是為了自己的欲望或目的，而陷入意想不到的負面情境之中。」

音樂老師追問：「所以這是說，人要沒有欲望嗎？沒有特別想去做什麼？還是什麼呢？ㄟ，同學，你怎麼沒有提醒我們要逃走了？」

工讀生：「主管有說，如果你們很認真討論莊子，就不吵你們啊！」

猛哥：「所以你有在聽喔！我以為你都沒在聽耶！」

工讀生：「有啦！雖然我也聽不懂。」

猛哥故意鬧他：「你不懂喔！哇！那你幫不上忙了！」

儲的注意力很集中：「我也有google到這段了。但我覺得這段後面的解釋有點奇怪，說是莊子覺得很難過，因為他看到外物後就忘了自身利害，太愛玩，而忘了本真，但又說要入境隨俗，我覺得這前後文感覺意思不太一樣。我有點弄混了，還是要看這段與鬥雞之間有什麼關連性？現場這隻鬥雞的問題還在耶。」

意麵妹反對太過延伸：「如果這樣就會太難了，我覺得沒那麼難耶。這是A級，不是S級。」

猛哥還是考慮老招：「會不會是把工讀生打昏之類的啊？還是讓他睡著？就找一隻鵲來吃螳螂呀！」

工讀生：「喔。他們沒和我說會被打耶！錢這麼少還被打誰要做。」

猛哥繼續鬧他：「ㄟ，你要提醒我們逃走啊！」

工讀生：「**喔請各位記得要想辦法離開這房間哦！**」

音樂老師雙手合十：「我發現一個很妙的狀況。螳螂捕蟬，就是很專心在一件事，然後忘了自己的危險；而我們前一關是要想辦法分心，然後就能脫逃，這兩個道理是很接近的。那這工讀生就是要讓我們很專心在脫逃，不能分心，那要怎麼樣才能破解這個狀況呢？我覺得出去的關鍵就在裡頭。」

工讀生：「**喔請各位記得要想辦法離開這房間哦！**」

儲像是想起什麼：「所以是先想出邏輯上的策略樹嗎？就很多 yes 和 no 組成的分支線那樣？」

工讀生：「**請各位記得要想辦法離開這房間哦！**」

音樂老師：「幹你真的有夠吵……可是我們這邊有人會畫嗎？」

儲搖頭：「我也不會。」

工讀生：「**喔請各位記得要想辦法離開這房間哦！**」

音樂老師：「太吵了！我對聲音很敏感的！你也不會？那就沒搞頭了。也許大哥說的對，要想辦法讓他**閉嘴**。但需要換個方式來做。嗯？……ㄟ？我好像有點方向了！」

次頁解答

解

音樂老師轉頭問工讀生：「同學，你覺得一小時一百的工讀金合理嗎？」

工讀生：「有點少啊！沒有辦法。而且錢都已經拿了，就只能做到完了，不然咧。暑假打工機會難找啊！」

音樂老師推了猛哥，要他接話。猛哥沒想到自己會接到任務指派，只好又問老梗：「啊你這樣一天多少？」

工讀生：「一天八小時，所以八百五十，五十塊是餐費補貼，因為他們只供麵包。」

猛哥：「沒有勞健保喔？」

工讀生：「連我的身份證都沒拿走，怎麼辦勞健保？只有印學生證而已。」

猛哥：「他們這樣真的很敢耶，連身份證都沒拿。不過在台灣很常見啦。自己注意安全啦，有些客人說不定會真的跑來打你。」

工讀生：「我是真的不知道耶，主管也沒講，剛剛才被派來這一間！」

儲故意問：「大哥你有聘人嗎？你們勞保怎麼處理？」

猛哥：「我小公司，只有合伙的兄弟，沒有聘人。啊有啦，過去有幫送貨司機保過團險，不是勞保。現在已經沒有司機了，就自己送，不然找貨運、宅配在送。」

儲比個讚：「會幫司機保團險已經很不錯了捏！這是多出來的保障。」

工讀生：「有時候不是老闆不保，是很多貨車司機不肯給公司保勞保，因為有欠錢還是怎樣的？」

猛哥拍拍手：「喔！弟弟你很懂喔！這是真的，因為很多都是出事或欠錢之後來開車的，開車又再出事，就一直循環下去，只能像你一樣都領現金。啊你怎麼會知道？」

工讀生：「我之前有在附近的冷凍工廠打工，一起抽菸的司機講的啦！」

儲輕拍工讀生的肩：「你也是經驗很豐富捏，我剛好也是做倉儲的。你們那邊是冷凍什麼啊？」

工讀生：「之前做的喔？很多哦！不過主要是海鮮，進關以後就送過來，幫中盤小盤代冰的，他們要取貨就會再來。」

儲這下也認真了：「所以這邊的中小盤自己沒辦法冰喔？」

工讀生：「他們可以冰，但是沒辦法冰那麼多，我們就幫他們冰這樣。只是做這個很辛苦，所以我做一兩個月就不做了。」

儲抿嘴點頭：「對，做那個很危險，又要在冷凍庫裡面搬貨，辛苦。」

工讀生：「大哥你們兩個也都是做冷凍喔？」

儲連忙否認：「沒有啦！我是倉管啦！主要是坐在公司，有必要才會去倉庫那邊。這位大哥是乾貨批發的。」

猛哥：「對，我做批發的，南北貨。啊等下給你一張名片。我是沒有要用人，但是在雲林嘉義台南都有朋友啦，相逢就是有緣，看以後有沒有要在南部打工，可以打電話給我，我會幫你介紹比較安全一點的。冷凍的比較危險啦！不過比較涼，我們這行常會中暑，哈哈。等一下哦！我找一下名片。」

猛哥正要打開包包，音樂老師卻說：「喂喂！大家！門開了！」

猛哥：「蛤？為什麼？換名片就會開門喔？」

Rita 笑著進來：「哈囉大家好，換完名片後，就請隨我到休息室去囉！不知道為什麼這樣可以離開的人，可以在休息室慢慢討論。」

155

猛哥還是驚訝滿點：「所以說，第一個鬥雞那邊是要讓我們分心，第二個鬥雞是要讓工讀生也一起分心哦！」

音樂老師點點頭：「我原本是想有兩個可能，第一個方向是和那工讀生聊天，天南地北亂聊，聊到我們自己忘了要逃，他忘了要工作，那門就會自己打開。另一個方向，是想辦法說服或利誘他放棄工作，陪玩家一起看漫畫下棋或發呆，門也會自己打開。」

猛哥好像懂了：「所以我們最後算是第一個方向嘛？」

音樂老師雙手合十：「對啊，也正好就是螳螂捕蟬的原理。螳螂捕蟬大家都聽過，但主要都是用食物鏈的角度來理解，卻沒注意到莊子想談的，是因為欲望而陷入困境的問題。因為想吃，所以會被吃。那我們的任務是分心來逃跑，而工讀生的任務要讓我們不能分心。我們就像蟬，工讀生就像螳螂，螳螂會捕蟬，那要解決螳螂，就只能生出鵲鳥，不過因為沒有外人，所以吃螳螂的鵲就要我們自己來演。但如果是去毆打、壓制他，讓工讀生無法開口，這些做法的脫逃動機都太明顯，就算你把他打昏了，之後也很難真正分心，因為一個人就是掛在那裡。」

猛哥猛點頭：「有道理。」

音樂老師：「所以我先想到的方法就是利誘他，要他別工作，反正他工讀金這麼低，應該不難解決。但我問第一句他薪水多少之後，就想到這個方向是大哥的專長，就讓你們接下去了。反正你們就和和他閒聊，聊到話題走鐘，聊到完全無關的地方去，聊到忘記原本在這是要幹嘛，門就會開了。就算開聊的動機是脫逃，但人也很常聊一聊，話題就不自覺跑到其他地方去。反正只要大家聊得開心，就算是進入忘我的境界囉！」

意麵妹大力拍手一下：「哈！我好像抓到什麼節奏了喔！我感覺從第一關開始，每一關的feel都一樣，就是有一種感覺在慢慢醞釀。有人有相同的感覺嗎？」

猛哥雖然沒那個feel，也隨口接了句：「都是莊子嘛！」

儲好像沒聽到意麵妹的感嘆：「公司有傳簡訊說六點在飯店B1有合菜，請同仁自行入座。長官你要去嗎？」

知盛笑著搖搖頭：「不用了。在這邊就好。」

音樂老師對他頗有興趣：「你真的是省話一哥。你不吃點東西嗎？」

「啊他剛剛幫忙吃很多了啦！」猛哥有在注意知盛的出力。

「那我簡單吃一些餅乾好了。」

「這個仙貝不錯吃。」意麵妹強烈推薦一種雪餅。知盛接過，看著雪餅上頭的白糖痕跡，然後把餅轉了半圈。是個行書的「忘」字。

第十一密室

樹房

這是倒數第二個關卡，也是最後一個A級難度的關卡。這間密室已經鎖上，你要離開這間密室，必須做某些事。如果行動正確，你就可以離開，前往第十二關。接著是與脫逃可能相關的密室資訊。

這房間的室內高度是三公尺，長寬都是十公尺，四面牆和地板都是草綠色的。除了出入的鐵門之外，四面牆並沒有其他門窗，但天花板是由總共一百格的一公尺見方透明壓克力天窗所構成。

你可以試圖撞門或破門，但那不是正確的破解方式。這房間除了自然光外沒有照明，空調則是來自門上一個十乘十公分的出風口。

在房間地板上放了九盆樹木盆栽，我來一一介紹這幾盆樹。最大盆的是房間正中央的酒瓶椰子，約高三公尺。為了安全起見，它的盆子是固定在地面的，請不要試圖去移動。

再來是高兩公尺半的台灣油杉，高兩公尺半的七里香，高一公尺半的杜鵑花，一公尺半的金桔樹，一公尺半的桂花樹，一公尺半的茶樹，五十公分的日本珍珠八房杉，還有最貴的，三十公分高的龍型黑松盆栽。

除了樹，還有以下的工具：長一尺的樹枝剪，老虎鉗一支，鐵絲兩捲，普通澆花器一支，兩公升礦泉水十瓶，一尺鋸子四支，八尺工作用A字木梯，兩公斤包裝鳥糞肥料一包，小鐵鏟五支，直徑四十公分的塑膠水桶兩個。

除了我所提到的條件之外，房間中所有其他細節，都與離開房間的方法無關。當然，你可以查詢《莊子》的內容，因為只有《莊子》全書的內文線索，才能幫助你找到正確的脫逃方式。

請問，你要怎麼做，才能離開這間密室？

猛哥搓搓雙手：「所以要來當園丁了嗎？不過莊子有說要當園丁嗎？」

意麵妹在查之前先發難：「莊子有一大堆是談到樹的耶，怎麼選呢？我也不知道園丁的關鍵字是什麼。但有很多談管理樹的，應該算是園丁類吧。我記得原則上都是說，樹會因為有用而被砍伐，只有無用的樹可以長成大樹。」

儲抬頭望著樹梢：「這裡最大的就是那棵椰子了，的確沒啥用，因為這種酒瓶椰子，好像不會真的長椰子。」

音樂老師：「這些樹會不會是障眼法？因為這一關有天窗，是不是從天窗出去啊？」

猛哥：「從天窗出去嗎？破窗？他說這壓克力捏，你們不是說壓克力敲不破？也沒有鎚子。之前不是有過很像這邊的一間嗎？」

音樂老師：「就是閉上眼的那一關。不過那關是整片的透明，但這關是一格一格的。」

意麵妹先打斷討論：「我大概看了一下，莊子講到樹的段落，多半是在思考人與樹的關係。人會把能用的樹都破壞，砍掉或燒掉，甚至還嫌它難用，或是用錯方法。只有和人類活動無關的樹，有毒的樹，或是只能用來乘涼的樹，才能確保自然生長，一直活下去。」

儲提了一個方向：「我在想二種可能性哦！這邊的工具主要是園藝類的，但就兩個方向，一個是破壞，砍掉或修剪，另外一個就是維護，澆水施肥。如果是二選一的話，哪一個會比較合理呢？我覺得到很後面的關卡了，應該會是比較正面，反對人工修剪吧？」

猛哥：「所以澆完水，就可以出去嗎？」

音樂老師：「重點是理由呢？順著樹的本性？感覺有點牽強。」

意麵妹補充一點資訊：「我認為可以集中思考〈**人間世**〉的兩段，這兩段都是有關樹的。前面一段是說，木匠走過許多大樹，卻沒有去砍，是因為他認為樹能長這麼大一定有問題，鐵定不能用，結果晚上這樹跑來托夢，說它對人沒用，才能保全自己，怎麼可以罵它。下一段是說，看到一棵超大的樹，結果細看才知道木材彎曲，還有毒。這兩段的表面意思都是樹長很大一定有問題，但深層意思都是說，對人來說有用，反而對樹來說是件不好的事。」

音樂老師：「所以還是有沒有用的問題啊。那要怎麼和脫逃有關呢？用樹來逃走？」

儲搶了主導權：「等等，我仔細看了妹妹剛提到的部分，特別是前面的這一段，我有一點想法。這一段裡面有提到，樹來托夢時，有說人和樹何苦互相利用。人和樹都是物，都是會壞滅的。這個或許和脫逃有關。」

音樂老師見儲沒有明確結論，又搶回領袖地位：「我覺得還是先整理一下想法。我們要做一些事情離開，前面兩關，都是忘了要離開，就能離開，對吧？」

猛哥：「對，一個是自己忘掉，另外一個是讓工讀生忘掉。」

音樂老師：「這關也是連鎖關，所以和前面一定有關係，對吧，就從前面兩間的狀況推過來。所以我們要忘掉什麼？」

猛哥：「忘掉自己要出去？」

音樂老師：「老梗已經玩過了，應該不是這樣。我認為前兩關一脈連下來的，應該不是分心這麼簡單，而是越想要的越不好，越要用就越沒用，不想要用，就能派上用場。換個角度就有出路，對吧？」

儲接著這想法來推：「就現場工具來看，都是人用來影響樹的工具，是要去改變樹的本性，這都算是人工，不夠自然。如果要換角度來找出路，可能就是在這邊轉，不走人工，改走自然風。」

猛哥：「什麼自然？要**自然**的話，這些樹就不應該種在房間裡呀！」

音樂老師拍手：「嗯，我覺得就是猛哥說的這個道理。」

次頁解答

解

猛哥偷笑：「我講的什麼道理？我講什麼我自己都忘了。」大家都笑了。

音樂老師解釋：「你剛剛說樹不應該在房間裡，我覺得答案就是從這邊想辦法！」

猛哥不解：「啊我們自己都出不去了，樹要怎麼出去？」

音樂老師又雙手合十了：「我猜哦！如果我們把木梯架好，或利用梯子爬上樹，去推樹上方的天窗，應該就可以過關。」

儲雖然認為追求自然是正確方向，卻也不懂音樂老師的結論是哪來的：「為什麼？理由呢？要先講理由再去推吧？」

音樂老師搖頭：「不用講。這關和上關一樣，我有注意老闆廣播的內容，他這一間也是只你要做正確行動，不用講理由，就可以出去了。這也代表做正確行動時，很可能會讓你沒辦法講理由，我就在想，到底是怎麼樣的行動咧。結果我突然就懂了，一切都串得起來。只要把大家剛才的推論做簡單摘要就可以串。」

儲：「摘要？」

音樂老師：「我來解釋。莊子認為好用的樹會被人所傷害，那現場的工具有破壞與維護樹的兩種功能方向，一時無法判斷是該用什麼方向。前面兩關都是要分心，但與其說是分心，不如說是越想追求的，就越無法得到，忘我才能達成目的。而一直依人的欲望來思考，就不夠自然。當然，眼前的樹在房間裡，也不夠自然。」

儲：「這好像有點跳。不太懂。」

音樂老師：「嗯好那我講得再清楚一點。我覺得莊子談樹木的章節都有一種預設，就是人會將樹分類為好用與不好用兩種。如果是人覺得好用的樹，有時用了之後，會發現用錯了，或不好用，但這對樹來說都是負面的結果，因為已經被砍掉了。如果是人判斷不好用的樹，雖然能長成大樹，但也會被木匠批評是沒有價值的，樹因此覺得不滿，所以才特別來托夢。」

儲：「對這剛才講過。」

音樂老師：「所以莊子把樹擬人化來思考，這就可能產生兩個思考的方向，第一個方向，是用來反省人自己，一個人太有用，是不是就會被利用到爆？第二個方向，就是人利用樹來達成目的，似乎也使自身越來越陷於文明的控制，遠離自己真正的本性，這種作法是否明智？」

儲：「妳講的沒錯，但這些問題，好像答案都是比較負面的吧？」

音樂老師開始繞著樹慢步：「對。不過我剛才講的兩個問題，其實都可以用忘我來解決。我剛剛有講，前兩關不是分心，是忘我，所以這一間房間的情境，要脫逃的重點還是**忘我**。但到底是要忘什麼呢？我認為是忘了自我的私利，思考看看是不是有利他的可能性，就是對別人有利的部分。但這邊沒人，就只有樹，當然就是要想辦法有利於樹，順應樹的自然。」

儲：「所以拿水澆樹也行吧？」

音樂教師：「我有想過，房中之樹的利益是什麼？就是自然，不受限的生長。在這關中的樹木都是盆栽，被困在小小的空間中，但就算打破盆栽，也還是困在房間之中。因此要講求進一步的釋放或自然，就是想辦法打開上方的天窗，讓樹能夠伸出去，或是搬一些出去。」

儲：「可是那能夠打開嗎？我覺得這解釋空間很大耶！而且雖然說是有利於樹，但還是為了自己要脫逃而做的吧？這還是沒有忘我啊！」

音樂教師：「大家別忘了，你不是和莊子對決，而是和自以為是莊子的自戀狂老闆對決，你覺得他會弄一個澆水就可以過的房間在倒數第二關嗎？把天窗打開，其實房間就消失了，樹就只是在一個比較凹下去的地方生長，的確是更自然。就算打不開也沒關係，我們如果行動的理由是為了樹，那的確就算是忘我吧？但我覺得啦，那個天窗應該是可以打開的，或是用現場工具去拆，很快就可以拆下來。」

儲：「對。我們不是和真的莊子對決，的確這是最可能的出路。反正也沒其他選擇，試試看也沒差。所以我們現在要來搬梯子嗎？」

知盛已把梯子打開、架好，自己先爬上去，然後站在上頭往天窗摸。「男生不用爬到最高，都應該可以摸到天窗。」但他摸的那幾塊不能開。

音樂老師：「你搬過去酒瓶椰子那邊，推它上面的那幾塊看看。」

知盛下來，和猛哥一起把梯子移到盆栽之間，然後再次俐落的爬上梯頂，雙手撐著天窗向上。那天窗居然是氣壓活動式的，「咻」的一聲就向上退開了。

Rita就在這時推門進來：「恭喜各位，只要打開天窗，就算脫逃成功囉！第十二間密室就在這上面，就請各位從這梯子直接上去吧！我們十一、十二關之間不進休息室，如果現在有上廁所的需求，我可以帶你過去休息室再回來這。有任何人有相關需求嗎？如果沒有的話，就請上去吧！請男士們不吝輔助女士哦！」

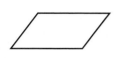

第十二密室

天地之間

儲發現廣播是從地上傳來。原來那深黑色的不是地磚。

終於來到最後一關啦！第十二關，就是這個一百公尺乘一百公尺，足足有一公頃面積的屋頂，這也是能困住你的「終極密室」。本關的難度為S級，你要離開這間密室，必須做某些事，並且說明之所以這樣做的理由。接著是與脫逃可能相關的密室資訊。

雖然這上面什麼東西都沒有，但如果你繞一繞，就可以發現這空間是所有莊子樂園所有密室的正上方；你可以走到有天窗的密室上頭，看看裡面的狀況；有些房間你們去過，有些你們跳過了。

請注意，這屋頂四周雖然圍了一圈鐵欄杆，但欄杆只有一百公分高，請小心意外翻落。超渡莊子設施雖然只有一層樓，但因為底座架高的關係，這屋頂離地面有五公尺。

你們從十一關上來的那天窗並沒有關閉，所以你們也可以退回十一關，但十一關的鐵門仍無法打開。除了你們從十一關上來的天窗，還有一個屋頂樓梯出入口，在最東北角，這個樓梯的鐵門現在是關上的，只能由內側開啟，無法由外側打開。

十一關的工具，包括那些樹，你們都可以利用，但重點是要以正確的方法和理由離開，否則就不算離開這「密室」，而是算棄權離場，也就拿不到最後的大獎。

除了我所提到的條件之外，所有其他細節，都與過關的方法無關。當然，你可以查詢《莊子》的內容，因為只有《莊子》全書的內文線索，才能幫助你找到正確的過關方式。

請問，你要怎麼做，才能離開這間「密室」？

猛哥：「最後一關是外面的世界。這個意境，我懂耶！連我這麼笨的人都懂！真正困住我們人生的，就是這個世界嘛！」

儲也拍拍手，像是肯定老闆的巧思：「我想的也和大哥一樣。最難逃脫的密室，就是真正的世界，一輩子都逃不了。但這會有什麼章節可以參考呢？」

音樂老師左手遮口，右手秀了一下手機：「不就整本莊子？已經到了最後一關，又是S級關卡，應該就是整本莊子都會用上了吧？」

儲：「但應該還是會有個方向。是與空間相關的部分嗎？還是和大小有關？最大的東西沒有外面，最小的東西沒有裡面的那個？」

意麵妹：「我已經找到囉，就是莊子最後一章〈天下〉的最後一段，而且很妙的是，這最後一段就是罵惠施的。我們一開始不就以惠施的角度來挑戰這個樂園嗎？至於惠施的主張嘛，我大概看了一下，那很像是從名家的東西去改出來的，主要就是說，所有人以為的差異，像大小、山川、生死什麼的，其實都是一樣的。不過莊子好像反對這種看法。」

音樂老師搖頭：「我還是覺得不需在意特定的章節，而是要去看莊子的整體概念。雖然剛剛說到的是惠施的主張，但我覺得和莊子的差距沒那麼大；惠施說大小、生死等差別都是一樣的，而莊子是要直接破除。就像前面幾關，一直強調的是我們對於大小空間的想法，還有對於用處的想法，還有對於欲望的想法，都是自我設限，所以應該要破除，要忘掉。所以我想這關，也八九不離十吧？」

儲來回試踩每一塊地板：「破除啊……可是我們前幾關不都是用忘我才脫逃的嗎？我想

還是應該看一下現場狀況。除了樹那一關的東西，其他密室老闆都沒提到，那代表就算是有天窗的房間，應該都是不能打開進去的。所以大家覺得那些就都不用理嗎？還是先去看一下每間裡面的狀況？」

猛哥正好走回來：「啊我已經大概繞過一圈。每一間有天窗的房間，都是空的，大概沒人有進去，就不會放東西。不過有一間天窗下面有布幕擋著，可能是要把什麼遮起來。」

儲：「也許那就是其他的樹關，或是類似的關卡？」

音樂老師不覺得是從這方向去找答案：「你想太多無關的啦！說不定連樹那關的東西也都是障眼法，我們回到前一關去幹嘛？倒退回去？把梯子拿出來後，用來下樓？那也不夠高呀！這有五公尺高，快三樓高了。」

猛哥繞了一圈後，卻想了個很痛的解決方案：「還是用鐵絲綁著把自己降下去一樓？」

音樂老師笑了：「這樣都太費力、太刻意，不對莊子的味。就算把樹都拿出來，丟到一樓去當墊子，大家也不敢跳吧！何況有些樹重到不行。」

意麵妹支持姊姊的說法：「而且老闆說過有的樹很貴，最好不要亂弄。我們現在的狀況是，逃出十一關之後，或說以為自己逃出來後，又進到更大的密室中，然後只能退回到前面的小密室。這好像有某種啓示耶！」

儲有靈感了：「或者說，『你想的不是你想的』那樣，正確出路可能是相反的。所以之前不想逃，就可以逃，或說忘記要逃、分心之後就可以逃。但這邊真的是無路可出了。表面上是自由的空間，其實是被關著。」

音樂老師像是打通了穴道：「無路可出？和沙特有關係嗎？這真的有點像沙特的無路可出耶。我們就一直在這邊聊天，聊到最後發現這邊是地獄，因為逃不走。」

儲對於有人能談這種高階梗感到很興奮：「說不定莊子可以找到逃走的方法！就算是在沙特的地獄裡，也可以逃喔！老闆會不會是要玩這個呀？」

音樂老師：「有道理哦！」

猛哥：「你們討論的我不懂啦！不過這裡表面上很開放，可是，還是用高度把人關起來，就等於四面都是透明牆那樣啊。」

音樂老師小小的拍拍手：「對，這就是我們剛剛講的，是個透明的密室，就是利用我們的怕死和無知，或想拿大獎的貪心，來把我們關著。因為無知、怕死、愛錢，所以逃不走。這樣講來，這關好像真實的人生。」

儲拉回討論主題：「別忘了這也是連鎖關，我們連三關都是忘記本來目的就可以逃了，這一關也應該是這樣。但到底有什麼事可以讓我們忘記要脫逃呢？把樹從十一關盡量救出來，然後忙到忘我嗎？好像說得通哦，但有點好笑就是。」

猛哥：「搞不好是喔！用鐵絲和那個做工程的絞盤，說不定就可以把大部份的樹都吊上來哦！不過這邊好像沒有絞盤。」

音樂老師：「ㄟ！我好像想通了！我們一路努力到這，都是為了大獎吧！最後通關的大獎！如果我們都放棄或忘了這個大獎呢？」

儲覺得這提案有點小爛：「你現在一講，不就大家都想起來有獎品。而且『放棄拿大獎』，這想法要怎麼表達呀？」

音樂老師有點氣餒：「如果不是放棄大獎，那還有可能放棄什麼？」

儲補充：「或放下什麼？要丟掉什麼？」

音樂老師又問了同樣的問題：「我們從一開始到現在，還有什麼東西沒放下？除了大獎以外？」

一直看 iPad 發呆的意麵妹，這時突然站起來：「等一下，等一下。我覺得好像有點接近答案了。我們要不要回到關卡本身的規則來思考？像是這裡真的是外面嗎？還是裡面呢？」

次頁解答

解

音樂老師一整個不懂：「妳是在供三小？」

意麵妹急了：「妳不是一直在注意老闆講什麼，妳應該有聽到老闆說，那個最角角的鐵門吧！」

音樂老師：「他說那個只能從裡面開，不能從外面開啊。」

意麵妹一臉猙獰指著門：「對！就是那個門！老闆的講法會讓妳以為這個門就像一般公寓頂樓會有的出入口鐵門。那種鐵門為了能讓人逃生，所以從裡面可以直接推開，但為了防小偷，所以頂樓外面推不進去。就像我租的那個公寓那樣。」

「對啊！」但音樂老師一臉不太確定的樣子。

意麵妹繼續：「這裡雖然是開放空間，也是一般我們講的外面，但五公尺的高度，加上缺乏足夠的脫逃工具，其實還是把人關住了。所以，重點來啦！這裡應該算是室內才對，那樓梯門後連著的地方，才是外呀！他們不也說這邊是透明的密室嗎？不就是裡面？」

音樂老師懂了：「啊，所以門的這邊沒有鎖，可以直接去推開嗎？但這樣過關也太好笑了吧，要是有人只是手賤去推，沒有理由呢？」

意麵妹：「這是利用人的成見形成的爛招。我們因為成見，一站到屋頂上，就會很直覺的認為這是外面。這是執著、偏見、成見，而莊子整本書都是要破除各種成見，改成順應本性去做。所以依人的本性，看到有個門，你不覺得應該怒推一波嗎？」

儲故意雙手合十：「有道理。正常的人看到那有個門，應該都會去試著去推，但我們進入了遊戲的情境，就會覺得應該沒這麼簡單吧！就算真的這麼簡單，又會一直想這該怎麼解釋。執著一浮現，就反過來困住我們。就算已想到這邊其實是內，那門應該可以直接打開，多數人也會不敢動手，怕這招實驗失敗後，被人說很蠢，或是理由不對。人生真難，對吧？」

「但這些難處，都是**自己放在自己身上**的，」知盛站在那樓梯出入口，「最後過關的榮耀，就讓女士優先吧。」

Rita：「你們的理由是正確的喔！所以可以拿到**大獎**！」
儲追問：「那如果理由不對，只是剛好推開門呢？」
Rita：「那就拿不到大獎囉，我們會對他們說明的。但是很少有這樣的情形，因為原本沒想到的人，一推開門的同時，也會想到理由的。已經玩過前十一關，大腦早已被改造成莊子的思考模式啦！」
儲還有一個懸念：「那大獎到底是什麼呢？」
Rita：「就是我手中這一疊囉！每一位通關玩家都能獲得一張！」
意麵妹好奇探頭：「這是啥？」
Rita：**「大獎就是超渡莊子的入場券！送禮自用兩相宜哦！」**誇大的聲調突顯了她的心虛。
意麵妹斜睨著她：「這太爛了吧！」
儲拍手：「哈哈！真的和我之前講的一樣爛嘛！」
「不過玩到現在，我也不會執著什麼大獎了。」音樂老師只是微笑。
意麵妹這時氣力放盡：「對啊，我只覺得有點軟。五小時一直用腦耶。」
音樂老師又開始吐槽：「妳吃那麼多熱量應該很夠呀！」

但意麵妹沒理她姊：「不過這東西能送誰？這個票？能進到樂園的每個人，本來就都能來超渡莊子啊！會有人專門來玩嗎？」

Rita：「各位也可以自己使用哦！如果各位將來要再玩一次的話，可以告知我們玩過什麼關卡，我們可以安排不同的房間來給各位！我們總共有三十三間密室呢！」

儲倒是老兵不死：「我可以現在玩嗎？反正我晚上住這裡。」

Rita：「不好意思，規定是要湊五位喔！可能要請你在入口處等滿五位玩家喔，而且我們星光遊園時間到晚上十點，可能沒辦法來得及玩完十二關哦。」

儲：「一定要五位玩到底嗎？」

Rita：「這倒不用，可以在出發之後，就以個人放棄的方式離開喔！但放棄者就拿不到大獎了。」

儲笑了：「幹嗎的，現在誰會想要大獎呀！」

Rita：「可是只有一位玩的話，會比較難過關喔！」

知盛先跳出來：「不然我陪你吧。反正這邊有吃的，晚上又沒事。」

音樂老師也加入：「如果你要玩的話，我們就陪你開場，然後我們真的要走的時候，就離開，這樣可以嗎？大哥可以幫個忙嗎？」

猛哥從手機中猛然抬頭：「當然沒問題啊！相逢就是有緣啊，一定要幫忙一下。而且我太太他們好像自己去吃東西了。」

Rita反而驚訝：「所以各位現在就要使用入場券了嗎？」

意麵妹雙手一攤：「好啊，來吧，反正現在隨時可以不玩，我就什麼都不怕了。」

儲這個想玩的人反而開始脫力：「真的耶，無欲則剛，天下無敵了。」

Rita：「不好意思要提醒各位，目前我們的設計中，最後四關是相同的，所以……」

儲手一揮：「沒差了啦！不過第一關也一樣嗎？」

Rita：「喔不一樣，我們有不同的出發密室哦！看你們要選什麼樣難度的呢？」

儲像是要馬上出發：「時間有限，就最簡單的吧。」

Rita：「我們第一關都是S級，但有些的確相對簡單。可是在莊子的世界裡，簡單的東西，說不定更不簡單呢！但您的需求，我已經知道了！我現在就請同仁們準備房間。只要準備好，就請各位出發囉！」

第十三密室

箱房

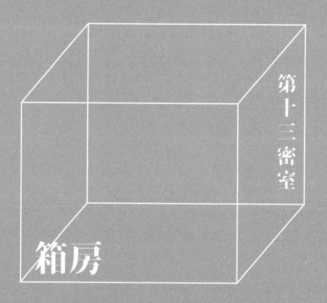

Rita沒多做說明。反正玩第二次了。門關上，熟悉的聲音傳出。雖是剛剛才聽過，卻覺得好像是很久之前的事了。知盛發現內容和第一關差不多。第一關嘛。

歡迎各位來到第一關，也就是第一間密室。我是這個樂園的擁有者，我名叫馬哈不拉幾，這名字很奇怪，但和通關條件沒有任何關係，所以你不用去查我的名字有什麼意義。

這間密室已經鎖上，你要離開這間密室，必須做某些事，並且對著唯一出入口的門把低聲說明之所以這樣做的理由。如果答案正確，門會打開。接著是與脫逃可能相關的密室資訊。

這房間的室內高度是三公尺，長寬都是十公尺，四面牆、天花板與地板均是乳白色的。這房間除了出入的唯一鐵門之外，並沒有其他門窗。你可以試圖撞門或破門，但那不是正確的破解方式。照明來自天花板的一支兩呎白光日光燈，空調則是來自門上一個十乘十公分的出風口。

在房間正中央的地板上，有個長寬高都是兩尺的特製厚紙箱，這個紙箱是因應本樂園的需求製造，只是將開口處闔上並簡單黏結，並未強力封黏，你們可以嘗試打開。

除了我所提到的條件之外，房間中所有其他細節，都與離開房間的方法無關。當然，你可以運用工具來幫助你查詢《莊子》的內容，因為只有《莊子》全書的內文線索，才能幫助你找到正確的脫逃方式。可以告訴各位的是，這一關是最高的S級難度，會和兩個以上的章節相關。

請問，你要怎麼做，才能離開這間密室？

如果自覺已找到正確解答，請對著鐵門的門把說明你的行動理由，如果符合我們的標準，門就會自動開啓，會有專人帶領你們回到休息室。

猛哥歪頭：「感覺和之前第一關講得好像差不多耶。」

儲：「錄好去剪的吧？一直重講也太累了吧！」

音樂老師輕鬆自在的做起擺手體操：「所以這一關是要參考什麼？這個難度是和兩章有關哦！」

意麵妹腦中浮出了大量的關鍵字，但還是拿不定主意，所以問：「莊子的時代有箱子嗎？」

儲大笑：「哈哈！那個時代連紙都沒有，怎麼會有箱子！」

但意麵妹仍執著這個方向：「可能有木箱吧？我先google看看。」

音樂老師：「我在想，這箱子可能只是種比喻，讓我們去思考打開和關起來的意義。」

儲已經恢復專注：「上次第一關，我記得是先讓玩家想起惠施，然後找到和惠施有關的章節。這一關會不會也是這樣？」

意麵妹馬上被說服：「好，那我改查惠施，等等哦！惠惠惠惠惠！」

音樂老師：「我妹在查的時候，我們要不要先用看看這個箱子啊？老闆說可以用看看耶！」

猛哥衝得一樣快：「好，我來處理。」他伸手去揭箱口紙板，發現黏得很鬆，又看見裡頭的玄機：「啊！這箱子裡還有另一個箱子喔！」

儲也去翻：「一個套一個？」

猛哥：「對，而且很剛好，大小是做得剛剛好的，正好塞進去。這不是我們一般送貨的箱子，是特別訂做的。」

「那不就像什麼俄羅斯娃娃？」儲手比了個葫蘆型，像是怕大家不知那是什麼。

猛哥又開了一層：「第二層裡面也還有喔！一樣有第三個箱子！」

儲自己比讚：「真的就是俄羅斯娃娃！」

音樂老師終於一邊甩手一邊走來：「所以要一路拆到最裡面嗎？最裡面是什麼？」

猛哥推了推箱子：「喔，這很重喔！應該是一層一層到裡面，都是實心的。看要不要把它放倒，裡面的會比較好拉出來。」

儲也來幫忙拆：「說不定最裡面的紙箱，有放出去的門卡之類的東西？」

音樂老師還是保持一貫的冷調：「就算有，出去的理由是什麼？和莊子有什麼關係？」

儲想了想：「理由還不知道，但我看不如先把這些箱子都打開來看？還是一個個都拿出來，檢查看看有沒有線索？」

音樂老師點點頭：「好啊。我沒意見。」全破過一次之後，她一副已經**「超渡」**到極樂境土的悠哉。

猛哥：「好。帥哥都來幫忙。」三個男人聯手推倒箱子後，將裡頭的箱子一層層拉出分開，依序排放在地板上。

音樂老師從第一個箱子開始檢查，還真找出值得討論的細節：「這最大的紙箱上有字耶，很小，你看在這邊，遠看像是一條紅色的線，但其實是一排字。」

儲趴著看：「寫這什麼？一小一小？」

意麵妹突然懂了：「是『小一』！這是〈天下〉章呀！這一關是有文字提示的！惠施說過『至大無外，謂之大一，至少無內，謂之小一！』我們之前也有講到呀！」

儲也想起來了：「至小無內？最小的東西沒有裡面？可是這個『小一』裡面明明就還有箱子。」

音樂老師又有新發現：「這第二層箱子也有字！也比較大一點，你看這一條。這寫『小二』。」

猛哥抱著另一個箱子，也指著一條線：「第三層箱子寫的是『三小』。」

儲大笑：「是『小三』啦！大哥！」

音樂老師歪頭笑：「三小或小三都蠻有梗的。越小的箱子就數字越多。這好像不太對吧？」

意麵妹好像懂了什麼：「這個相反的狀況，應該也是老闆玩的梗。小一的意思，應該是說最小的那一個，可是在這邊卻是最大的那一個。惠施認為最小的小一沒有裡面，也就是裡頭沒東西，所以最小。但這邊的小一卻是最大的箱子，裡面有一堆箱子。這很明顯是吐槽惠施，也是要製造我們的混亂。不過裡面一定有什麼更深層的意思在。」
知盛還是默默的在那分箱子。已經越來越小了，所以一人就可以處理。他拆得很小心，像是怕弄壞什麼。「這邊已經是『大七』了。」他告知眾人出現的轉折。
音樂老師探頭：「所以小七之後是大七？然後裡面是大六？」
知盛查看了手中正在拆的箱子，點點頭。
儲：「這樣分到最後，應該會有十四個。」
音樂老師：「就拆到完吧！」
意麵妹打岔：「我一直在想，惠施認為『至小無內』，但老闆就是要故意給他有『內』，這是不是代表惠施還是在執著某些形體的東西，而莊子認為要跳過這種形體？所以老闆故意製造出一種混亂？」
知盛小聲的說：「最裡面的『大一』是這個。」他左手托著「大二」的小紙箱，右手從裡頭拿出一張折起來的A4影印紙。打開後，裡頭「大一」的標楷體字，連遠在另一頭的音樂老師也能看得清楚。
她笑了：「我是不感到意外啦，但是這沒有出去的線索啊。我是說，光是這樣也不知道該如何出去。」
儲整理一下思維：「現在知道和〈天下〉章有關，如果是S級的，那應該還會和另一章相關啊？」
意麵妹指著iPad螢幕：「我覺得可能是〈逍遙遊〉。」

儲湊過去：「怎麼說？」

意麵妹：「大鵬鳥、大鯨魚的那段也是在討論大小，然後認為從大的角度看事情，會比小的角度看要好。所以從最大的那邊，說不定可以找到線索？」

音樂老師伸出手刀，在儲與意麵妹之間切下：「我想到一個可能的方向了。不要忘記之前有很多房間都是和東西的功用有關，前面這些箱子多少都有用，但就這一張最裡面的紙看起來沒有用。我認為解題的方法，說不定會和這張紙的用途有關係。」

儲指著天花板：「我在想，那個有寫小一的箱子，其實也不是最大的箱子，這個房間才是最大的吧？或這個樂園？或這個世界才是最大？就是看你從什麼角度來觀察。」

意麵妹不爽了：「啊〈**逍遙遊**〉就是講這個啊！很多人以為自己很有見識，其實只是小麻雀的程度而已。」

音樂老師又開始甩手功：「所以這一切要怎麼串起來呢？」

儲拿著那張大一的紙發楞，然後說：「這最沒用啊。是我們以為沒用吧？那要怎麼樣轉換角度來看，才能產生作用呢？轉過來看？倒著唸？」

意麵妹這時又開了一條新戰線：「大一反過來，就是一大。直著看就是『天』這個字。和天花板有關嗎？」

儲：「天花板又沒天窗，而且沒梯子，也上不去。」

音樂老師：「我們因為玩過了一次，所以執念好像變多了。這是其他玩家一開始碰到的，應該就和我們一開始玩的那關差不多吧！當初那一間是玩家證明自己是惠施，就過了，所以我覺得我們要想的是，如果是惠施，那他在這會怎麼做！」

次頁解答

解

「那關是塗鼻子，那這邊咧？」猛哥講完，下意識的摸摸鼻子。

音樂老師：「好，我整理一下。一開始是惠施說，最大的東西沒有外面，叫大一，最小的東西沒有裡面，叫小一。真的莊子反對這種說法，那假的莊子呢，就是這樂園的老闆，他就搞出一個連環箱，最大的叫小一，最小的叫大一。那惠施要再吐槽回去，要怎麼做？」

儲：「證明老闆講得是錯的？還是破解老闆設下的狀況？」

音樂老師：「對，那要怎麼用這紙箱呢？我認為那最後一張不是箱子，是紙，這就是個提示。〈逍遙遊〉說要用大的角度看事情，所以最大的，其實就是這張紙，但只有它是紙，其他都是紙箱，所以⋯⋯」

儲用力拍了一下手：「對啦！就是這樣，所以我們把這些箱子拆開，鋪平！」

意麵妹：「不過這樣只是變成平的，箱子的紙板還是比紙厚啊，還有那個內與外的差別呢？」

音樂老師：「這我有想過，鋪平之後，小一那個放最底下，它上面印的字，就用小二的鋪平紙箱去蓋住，然後上面再放小三的鋪平紙箱，就這樣一層一層疊起來，最上面當然就是大一那張A4，這不就是最小的東西沒有裡面，最大的東西，沒有外面嗎？」

意麵妹白眼：「這梗好擺爛哦！但的確很有惠施的風格。」

音樂老師推她：「先不管風格，男生已經在拆了，一起幫忙吧！」

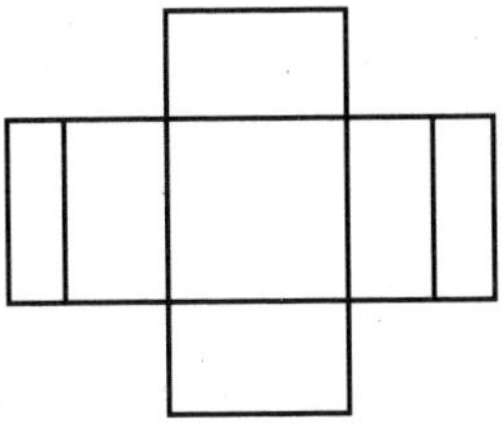

休息室

開始出現披薩這種熱食。已經很飽的儲，還是拿了一片，而且吃飯不忘聊天：「大哥，你老婆小孩就這樣放生你跑去吃飯喔！」

「啊，他們一直都這樣啦！我都在忙生意，所以他們都自己過。」

儲邊吃邊問：「出來玩，不就是要凝聚家人感情嗎？分開玩，這樣和平常哪有差？」

「我也是這樣想啊，哈哈，可是還是很難啦！」

音樂老師邊吃邊回嘴：「很難什麼？」

倒是儲代打：「很難拉近距離吧！很多爸爸現在都這樣，忙工作顧不了家，賺錢帶小孩出去玩，結果又被放生。」

意麵妹也開吃：「這樣感覺好淒涼喔。一起來玩也被放生。」

音樂老師吐槽：「妳還不是放生妳爸媽！」

意麵妹白眼：「那也是妳爸媽好唄！」

音樂老師一驚：「妳有披薩吃幹嘛還煮水？要煮麵喔？」

意麵妹說明她的SOP：「我的計畫是，先把水煮開，然後按保溫，等我們下次回來，就丟麵下去煮，煮意麵很快大概一分鐘，然後邊降溫邊吃，來不及吃完就等下一次回來吃啦！」

儲做鬼臉：「這麼堅持要吃喔！我們不在的時候有人來怎麼辦？」

意麵妹一派輕鬆：「那就寫紙條說不可以吃啊！不然我就整鍋帶去房間！他們沒說不能帶吧！」

音樂老師看使用規則：「好像真的沒說不能帶走耶。」

意麵妹：「對了，雖然已經講過很多次了，但經過這麼久的時間，為什麼都沒碰到其他進來玩的人？休息室沒有，走廊也沒碰到，也沒有聲音。難道有第二間休息室？」

知盛躺在按摩椅上：「有三間休息室。」但他沒有打開電源。

音樂老師很驚訝：「你怎麼知道？」

知盛用左右手分別指了個方向：「還有兩間門牌上有寫休息室。我們一直用的是同一間。他們的管制方式，應該是一組人用一間用到底，超過三組就想辦法錯開使用時間。」

音樂老師很驚訝：「哇！你注意力怎麼這麼強？」

知盛笑了：「妳對聲音也很敏感啊。」

儲也找了台按摩椅：「大哥，啊你一個人和我們玩，今天這樣有開心嗎？」他有打開電源。

「有啦！很好玩捏！大家都很聰明，我只要出力氣就好。而且我有學到很多東西哦。」猛哥一臉很認真的樣子。

水已經煮開了，意麵妹就把爐關到保溫。「學到什麼？」她感覺沒在聽，但還是問了。

猛哥雙手一攤：「就學到要看開一點啊！要忘記啦！」

意麵妹若有所思：「看開一點是應該啦！但是喔，應該還是要和家人親近一點會比較好哦！有些事忘記不太好，忘記煩惱就好，還是要記得家人啦！」

音樂老師：「妳自己放生爸媽的人講這什麼幹話！」兩人吵鬧一團。

「我看妳們姊妹關係很好哦！」猛哥很欣賞她們之間的互動，「我們家的妹妹是獨生女，從小都很無聊。」

意麵妹歪頭：「其實我本來也是這樣啦。沒什麼真正姊妹相處的機會。」

音樂老師補充：「我們原本有機會碰面的時候，都有爸媽在。今天是我們兩個人第一次這樣長時間相處，對吧？」

意麵妹點頭：「好像是耶。要進下一關了。」

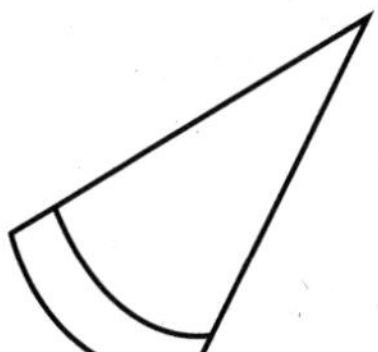

第十四密室

影子房

猛哥：「這麼多燈，是要幹嘛？」

儲一臉呆，卻是有在想：「大概是罔兩問景吧。」

「往什麼？你講中文，可是我完全聽不懂。」猛哥越想越好笑。

恭喜大家來到第二關，也就是第二間房，我稱之為影子房。講話的還是我，本樂園的大老闆馬哈不拉幾。這一間房間比前一間簡單多了，屬於A級，各位心情上是否比較輕鬆呢？你們要離開這房間，就必須做某些事，並且對著唯一出入口的門把低聲說明之所以這樣做的理由。接著是與脫逃可能相關的資訊。

這房間的室內高度是三公尺，長寬都是十公尺，四面牆、天花板與地板均是乳白色的。這房間除了出入的唯一鐵門之外，並沒有其他門窗。主要照明來自天花板的一支兩呎白光日光燈，空調則是來自門上一個十乘十公分的出風口。

除了日光燈之外，在房間正中央的地板上，放了高六尺的立燈總共八支，每支的燈炮都是18W，燈光方向可由您自由調整，採電池供電，每枝約可照明一個小時。

除了我所提到的條件之外，房間中所有其他細節，都與離開房間的方法無關。當然，你可以運用工具來幫助你查詢《莊子》的內容，因為只有《莊子》全書的內文線索，才能幫助你找到正確的脫逃方式。

請問，你要怎麼做，才能離開這間密室？

「所以是排燈泡，照到沒有影子嗎？」儲邊說邊查看那些立燈。

意麵妹查看了一下：「所以確定就是罔兩問景嗎？」

音樂老師：「這成語是講什麼呀？我完全聽不懂。」

意麵妹又出動她的神兵利器：「我直接查給你們看。」

但儲先出手了：「罔兩就是影子的影子，它問影子為什麼一直不自主的動，影子就說自己是依賴別的東西存在，而他所依賴的東西，又依賴另一個東西。所以沒辦法知道真正的因果。」

音樂老師秒懂還加上自己的詮釋：「就是一切之所以會這樣，都有其因果，但人不知道真正的因果關係，只能隨波逐流吧。看開一點。是這樣嗎？」

意麵妹補充：「對，大概是這個意思。莊子裡面有兩段都是差不多的，但〈**齊物論**〉的這一段比較有名氣。我除了**罔兩問景**之外，也查了『影』，還有之前『光』的部分。感覺都是直接聯想到這一段。」

儲：「但要怎麼脫逃呢？如果我們排列燈來照出特殊的影子，或是把影子照不見，好像都和這一段對不太上。」

意麵妹直接說明可行作法：「罔兩是影子的影子，是影子的邊邊，自己也是依附影子的。所以呢，我們就製造出一層疊一層的影子。嗯，可是這樣好像又和脫逃沒有關係。」

儲：「對啊，我們會不會想錯方向了，這關其實是和影子完全無關的章節？」

猛哥倒是幫大家轉方向：「啊那這個立燈是用來照什麼？總共八支，這個數量會有沒有什麼暗示？」

意麵妹立刻上工：「好，我來查。嗯……『八』這個關鍵字嘛，莊子有談到八的不多，但一樣是在〈**齊物論**〉，就罔兩問景的齊物論，裡面有提到一個八德。但這個八德，不是我們現在講的八德，這個八德是八種區別。八德這段是說，人為了判斷是非，就會產生很多區別，像左、右、倫常、適宜、分別、辯論、競，與爭。就這八種。」

儲：「聽起來的感覺沒什麼關係耶。」

音樂老師：「講來講去，都是在講不要執著於區分是非、因果吧。」

意麵妹點頭：「〈**齊物論**〉整篇就都是講這個啊。我來找一下齊物論的摘要。嗯，齊物論這一篇的意思呢，我看看，就是要打破自我的執著、偏見、成見、立場。如此，就不會有對立之分、是非之分、物我之分、大小之分。沒有分別，萬物皆為一的概念就出現了，而這個『一』，也是莊子強調的『道』。」

儲：「所以這關是要打破什麼偏見呢？」

音樂老師終於忍不住放出她的大絕招「雙手合十」：「其實我一進來就知道怎麼出去了說，只是一直在想理由而已。我覺得理由已經大概成形了。」

次頁解答

儲：「怎麼說？」

音樂老師：「還記得我們上次的第二關怎麼過的嗎？那個有兩隻魚的？」

儲：「我忘了耶。是誰過的？」

猛哥指著音樂老師：「好像就是妳過的嘛！好像就妳在門口說一說就過啦！」

儲：「對啦！我想起來了，門沒有鎖！」

音樂老師：「對。剛剛上一關的廣播其實和我們上次玩的那一關很像，過關原理也很像，我就想說會不會這一關也是類似上次第二關的關卡，所以我就很注意廣播的內容。我一聽就發現，果然沒提到房間有鎖。但問題來了，前一次的第二關是要相忘於江湖，忘了那水，就會發現門沒關，但這一關跑的理由是什麼呢？我怎麼想都想不出來，所以就在聽你們的討論。」

儲：「我們也沒討論出什麼啊？」

音樂老師：「你們討論的章節，都是在〈齊物論〉裡面轉。我自己還有去查一些關鍵字，像是『光』、『明』，雖然我程度不夠看不懂，但這兩個字也有許多落在〈齊物論〉。所以我的想法是，這些燈和『八』只是個提示，要我們往〈齊物論〉想，而真正的脫逃方法，是要依〈**齊物論**〉的通篇想法。」

意麵妹：「通篇主旨就是**萬物為一**啊！就『**齊物**』嘛，不要有分別。」

音樂老師：「不要有分別，靠的是打破成見吧？你剛剛有提到打破成見。就像之前第二關了那個相忘於江湖，不要執著於眼前看到的，或是自己心中堅持的。你要想，玩家被放入這個房間，都是會有『這一定已經鎖起來了』的成見與執著吧，忘記或放下眼前的這些燈，你會發現什麼呢？」

儲：「就像上次放下那魚缸，就會發現門沒鎖。這邊是放下那些燈，放下影子和光，不要去問因果，不要問為什麼，就會發現門沒鎖？」

音樂老師：「就是這樣。我們上次第二關是這樣，最後一關也是這樣，這就是老闆眼中的莊子。試看看吧。」

猛哥大聲的說：「ㄟ，各位，不好意思，要跟各位說抱歉，我可能沒辦法陪大家玩下去了，我看看能不能在這邊先離開，真的很不好意思！」他雙手合十，大家都笑了。

意麵妹：「沒關係啊，剛剛不就說只要開啟遊戲後就可以走？大哥你有收到老婆的LINE了喔！」

音樂老師罵人了：「妳不要一邊煮麵一邊講話好不好！」

猛哥嘴一扁：「沒有啦！沒有收到。但是我想說，這樣下去不行，還是要去找他們比較好啦！」

儲：「這樣才對啦！這個遊戲玩不玩沒有差，家人比較重要啦！」

猛哥於是和四人一一握手道別。走到門旁，他又轉頭發表告別感言：「今天下午一直到現在哦，其實我想了很多。真的很高興認識你們，你們真的很聰明，又讀很多書，我這種沒讀過什麼的人，如果自己來，根本連第一關都不會過。但是一路下來，真的學到很多，我也想很多。這個感覺喔，我不知道怎麼講，我沒有你們那麼會講話啦！」

儲：「大哥有想到什麼，都可以盡量講啊。」

猛哥：「我是想說喔，本來帶家人來，可以開開心心玩。可是發現太久沒和老婆孩子在一起玩，沒辦法融入，就都只是看著他們玩，最後覺得還是自己走一路，他們會比較輕鬆。所以中午吃完飯出來散步，就看到這個好像一個人可以玩的莊子，所以就一個人來玩。本來想說吹個冷氣就走，結果玩到最後，真的很高興啦，很好玩，有你們在就真的很好玩。我也一邊在想，就是喔，我是不是太執著，很多該忘的忘不掉，放不下。就像你們一路講說要忘記啦，不要執著啦。就是喔，就是這個怎麼講？啊你們是不是要去下一間了？」

「不用擔心啦！如果服務生進來，我會把她摔出去，壓著，讓大哥講完！」儲義氣十足的做了個柔道的過肩摔動作。

意麵妹一驚：「等下被告哦！」

猛哥：「那我講快一點。就是說，我過去都覺得男人工作，讓女人去玩，小孩想讀什麼，玩什麼，都可以，賺錢給他們花就好。但後來，就是現在想一想，那也是一種執著ㄟ，我就算帶他們出來玩，也還是很執著，要他們照我想的做，這樣做，那樣做。本來以為照我想的就會比較好，就會比較快樂，但其實好像，不是真的很快樂。」

儲：「有道理哦！」

Rita這時輕輕推開猛哥身後的門：「沒關係，大家可以不用管我，如果玩家要離場，我們可以先等一下。」她似乎一直很清楚裡頭在聊什麼。

猛哥轉頭：「小姐謝謝喔！我是想說，我過去都執著於給家人錢啦！或是要帶他們出來玩啦！都太硬了。雖然不是態度很硬的那種，但就是很自以為是啦！規矩很多啦！但是人不是應該自然就好嗎？不用強求，也不要去想為什麼會這樣，為什麼會那樣，反正快快樂樂就好。說不定在家沒幹嘛，也很好！啊我只會講這種話，大概就是這樣啦，我要先離開了！不好意思，小姐，我要先離開！」

「好的，我會請其他同仁帶您離場，順便提醒您將喪失最後的大獎哦！」

意麵妹一聽就上火：「幹那個誰要呀！」

儲：「大哥，忘了啦！留一下 LINE 好不好！」

「啊這個我不太會用耶，你幫我用一下！」

「姊！妳幫我拿手機加大哥的 LINE！」

「妳不要筷子一直比來比去啦！大哥，我雖然年紀沒有差你很遠，但我做人家女兒，我之前聽到你講說，在沒注意的時候，女兒就突然長大了。其實女兒也是一樣，也是在沒注意的時候，突然發現爸爸已經老了。能在一起，就是最好的事，加油喔！」

意麵妹笑了：「這邊講加油會不會怪怪的，好像要去過什麼關卡一樣。」

音樂老師：「人生不就是關關難過關關過。外面的關比裡面的關更難過。所以妳的麵要端到下一關去嗎？」

第十五密室

牛人房

意麵妹眼不離手機：「爸媽說他們在坐摩天輪看夜景。」
音樂老師：「外面已經天黑了啊。」

第三間房啦！各位惠施們，講話的還是我，本樂園的大老闆馬哈不拉幾。經過前兩關的摧殘，有沒有覺得自己智力受損啦！別擔心，第三關會更加簡單，是B級難度。

這間密室已經鎖上，你要離開這間密室，必須做某些事，並且對著唯一出入口的門把低聲說明之所以這樣做的理由。如果答案正確，門會打開。接著是與脫逃可能相關的密室資訊。

這房間的室內高度是三公尺，長寬都是十公尺，四面牆、天花板與地板均是黑色的。這房間除了出入的唯一鐵門之外，並沒有其他門窗。你可以試圖撞門或破門，但那不是正確的破解方式。照明來自天花板的一支兩呎白光日光燈，空調則是來自門上一個十乘十公分的出風口。

在房間正中央的地板上，用白線畫了一個直徑大約是六公尺的螺旋狀迷宮。雖然叫迷宮，但從開口順著螺旋紋一直轉就可以走到裡面。反正這只是意思意思的迷宮，你要直接踩線走進去也可以。

迷宮正中央坐了一位我的工讀生，他正cosplay西方知名的怪獸「米諾陶」，就是牛頭人身。當然因為成本關係，以及風化的考量，我們只是幫他套了一個牛的頭套，身上還是穿本樂園的制服。他正在迷宮中間的地上裝睡。

他的四週有以下的工具：一組銅鑼與小木鎚，一個臉盆內有兩公升的水，兩個普通大小的白瓷飯碗，一桶黑色油漆與油漆刷，一支長十五公分的塑膠蛋糕刀，還有一台可以正常運作、上網的筆電。

除了我所提到的條件之外，房間中所有其他細節，都與離開房間的方法無關。當然，你可以運用工具來幫助你查詢《莊子》的內容，因為只有《莊子》全書的內文線索，才能幫助你找到正確的脫逃方式。

最後提醒你一點，裝睡的人叫不醒。請問，你要怎麼做，才能離開這間密室？

意麵妹轉頭問老姊：「這關好眼熟喔！之前我們不是也有過嗎？」

音樂老師：「不太一樣，不只牛不一樣，東西也有不一樣的地方。」

儲同意：「沒錯，像是兩關混起來。你看那些其他的工具，是之前分別在兩關的。」

意麵妹想通了：「啊我知道，是牛的那關和蝴蝶的那關。不過好像有少什麼？」

儲閉眼回想：「如果是兩關混合，那就妙了，因為那兩關的解法好像不同？蝴蝶那一關，我記得也是裝睡的人叫不醒，所以是要讓他真的睡著。但牛的那關，是幫牛脫掉衣服吧？」

音樂老師：「對。但這關只有頭套。」

意麵妹：「嗯，所以是二選一嗎？之前的方法二選一？」

儲搖頭：「我覺得沒那麼簡單。還是有其他過關的方法？或是這個其實和不同的章節有關？」

音樂老師又開始遮嘴：「我覺得，我們會覺得是二選一，是因為我們玩過一次了。你要想這是沒有玩過的人碰到的第三關。老闆一開始有講這是第三關，所以我們的切入點，應該是沒有玩過的人，他碰到這一關時會怎麼想。」

意麵妹沒多久就完成了自己的固定業務：「我查了牛這個關鍵字，怎麼看，都還是會回到庖丁解牛哦。」

儲提供一個可能方向：「或者跳出莊子來思考？把重點放在那個米諾陶的故事呢？這好像是古希臘神話吧？迷宮中的牛頭人身怪物，後來被英雄殺掉了。」

音樂老師補充：「那英雄還用一條線綁著進迷宮，最後才有辦法出來。但是這個迷宮只是地上畫線，老闆還說可以直接走進去。」

儲：「成本很低，感覺就像是用來意思一下，告訴你這個是牛頭人身。然後沒有了。」

音樂老師：「可是這樣很奇怪啊，明明是莊子遊戲，怎麼會加個古希臘神話？」

儲：「這還好吧，之前也有寶可夢和不良牛啊，那也都是和莊子沒關係的動畫。我想這只是意思意思，讓你知道是什麼東西罷了。你看，他說是米諾陶，但大概只是去大創還是哪邊隨便買的牛頭套吧？」

音樂老師轉頭：「大創會賣這種東西嗎？」感覺她想買。

儲：「大創沒有，西門町也應該會有吧？那種賣變裝趴衣服的很多。」

意麵妹踩煞車：「等一下，等一下，你們不要擅自聊開。這是B級關嘛？B級是最簡單的，而且只和一個章節相關。我認為就是〈**養生主**〉哦！你們知道為什麼嗎？因為養生主除了庖丁解牛很長一段之外，還有一段會和這邊相關！」

音樂老師：「莊子有講到迷宮的喔？」

意麵妹：「不是迷宮，是怪怪的人。原文是這樣的。」

公文軒見右師而驚曰：「是何人也？惡乎介也？天與，其人與？」曰：「天也，非人也。天之生是使獨也，人之貌有與也。以是知其天也，非人也。」

意麵妹：「這一段的意思是，公文軒看到右師，嚇了一跳，問說你是誰，怎麼只有一隻脚，這是因為天造成的，還是因為人的關係。右師說是因為天。」

音樂老師：「這段和這牛哪有關係？」

「都是怪怪的人呀！你看到房間中的牛頭人，不會覺得怪怪的嗎？這段很特別，和上下文看來都沒有直接關係，但我想了一下，我覺得這一篇會放在〈養生主〉，應該意思是，人就是要順應天道，不要違背那種自然。就算看起來不自然的，其實也是自然。這妳懂吧？」意麵妹有點心虛的反問老姊。

音樂老師：「嗯有點懂又不太懂。之前牛的那關是妳解的嗎？」

「是我解的沒錯。我之前修課有寫過〈養生主〉的作業，所以我對這章還算有點把握。」儲不打算離開思考的主線：「但是喔，我想重點還是脫逃。如果老闆強調裝睡的人叫不醒，那就還是要讓他真的睡著吧？」

意麵妹：「嗯，我認為出去的方法就是二選一，應該就是讓他睡著，或幫他把頭套脱掉，但是理由呢？和之前一樣嗎？還是有不同的理由呢？我覺得想出理由，就知道要選哪一個了。」她表情認真，但等於什麼都沒講。大概是累了。

音樂老師也因此生氣了：「妳講了一大圈，還不是又繞回去一開始講的！我覺得討論半天也沒什麼新發現，就讓他睡著或脱頭套二選一就好，反正之前的理由都可以用吧？」

儲覺得有個點必須小心：「可是幫忙牛脱衣服的那關，是他真的很不方便，連尿尿滑手機都不行，這個看來還好吧？所以是讓他睡著囉？」

音樂老師：「還是像哪一關聊天聊到忘我的？」

意麵妹開炮反擊：「就說在裝睡了，妳是要和鬼聊天喔！」

音樂老師悟道：「對喔！所以就是讓他睡著了吧。可是這一關他沒有床耶，之前睡著那關是有床的，所以很快就睡著了。我看這關慘了，我們還聊這麼熱血，他會被吵到。」

儲：「老師，妳剛剛講過，我們都太習慣從之前的經驗思考，要由第一次來玩的人的角度來想吧？但是我覺得，我們不太可能完全跳出去思考。所以我一直在看這些工具，我發現一個之前沒有的。」

音樂老師：「是什麼呢？」

儲指著油漆和刷子：「就是油漆那一組。大概是因為我做倉儲的，我常會注意東西的小差別，我想老闆他們一次設計那麼多關，應該會有一些差異上的考量。玩家是每次會走不同的關，但老闆會看過所有的關吧？所以他會從一種全知的觀點去調整裡面的東西，所以可能無意間漏了什麼資訊。或說是他刻意要漏的。」

意麵妹：**「啊！你這樣一講，我就知道解法了！」**

211

次頁解答

意麵妹打通腦路：「我剛剛講的那一段莊子，那個人只有一隻腳，是因為天生的吧？現在這個人之所以有牛頭，並不是天生的啊，是老闆硬要他裝牛頭，硬要他裝睡吧？這是由人，不是由天呀！」

儲：「所以這是不好的狀態，要解除吧！」

意麵妹拍手：「對！所以我們不是要讓他睡著，而是要把他的牛頭脫掉。我會這樣想，還有一個原因，就是那組油漆的工具，是黑色的。這間內裝都是全黑的，只有迷宮的線是白的，這迷宮線又是要讓你覺得那個牛頭人是米諾陶。所以，除了把牛頭拿掉，也要用油漆去塗掉白線，讓人為的東西都變不見，一切就會回歸本來的樣子！」

音樂老師挑了個細節問題：「這樣就是〈**養生主**〉的意思嗎？可是我們做的事，也都是人為的呀！」

意麵妹急得原地繞圈圈：「莊子講的人為與自然，不是絕對的，是相對的。我認為回到相對比較早的狀況就好啦，這工讀生鐵定不是生下來就有頭套吧？這房間蓋好時應該是全黑的，後來才畫這個白線吧？所以要回到原本的狀態去！讓這關消失掉！我認為要逃走，就只能是這樣了！」

儲：「但是他躺在那邊，去硬拔他會不會生氣？」

意麵妹覺得這問題很沒深度：「啊不是說裝睡的人叫不醒？」儲也察覺這問題夠蠢。大概也是累了。

音樂老師：「好吧，**就這樣幹吧**！等下妳的意麵要記得拿走。端進來又沒吃是什麼意思。」

音樂老師問：「要走了嗎？」

意麵妹搖頭：「吼，爸說他們看到一個塔，上面有喝飲料看夜景。他們要去。」

音樂老師白眼一翻：「這裡有的沒有的東西怎麼那麼多啊。真會賺。」

儲好奇的問：「你們之前說，你們不是同一個媽媽？」

音樂老師：「嗯。簡單說的話，我大概五歲的時候爸媽離婚，我跟媽媽住，但還是會和爸爸見面。幾年之後我爸就和我妹的媽媽結婚，然後就生我妹這樣。後來六年前我媽過世，我才比較有機會和我妹他們互動。」

「但其實我們到現在也很少互動。」意麵妹邊講邊吃剩下的麵。

音樂老師：「嗯，一直到最近才比較有互動。」

意麵妹以口就鍋來喝湯：「唔……今天……應該是講最多話的一次。」

音樂老師：「妳要吃就吃，要講就講，等下嗆到。不過今天真的是第一次我們兩個沒有和爸媽一起活動吧。至少第一次這麼長時間離開爸媽，就我們兩個一起走。玩整個下午，都到晚上了。」

意麵妹拿鍋子去洗：「對啊，之前都會有點尷尬。」

儲很小心的回應：「你們看來不像是今天第一次單獨互動耶！感覺很像是從小一起長大的。」

音樂老師：「其實還好啦！沒那麼陌生啦！過去也是會見到面，但我比較常去他們家的時候，她已經長大，比較少在家裡。後來她就去讀大學了。」

意麵妹補了句：「不過，我想會不會是我爸的講話方法啊，所以我們還蠻能溝通的。真的要聊天的話。」

音樂老師：「嗯有可能喔。」

意麵妹：「就是很自然會調整成一樣的頻道。」

音樂老師：「其實，嗯，對，就這樣。」

意麵妹：「對我來說，至少對我來說，她不像是其他親戚，比較像從小就不在家，出去讀書工作，年紀差很多的姊姊那樣。所以真的不是外人啦。」

音樂老師：「嗯，相對來說，我是真的看妳一路長大，變得這麼胖喔。」

「吃屎啦！」

儲：「那你們今天來這個樂園，就是家庭出遠門旅遊這樣喔？」

音樂老師：「也許吧。」

意麵妹：「就想要大家更熟點吧。爸媽應該是這樣想，才會讓我們兩個在這邊混這麼久。」

音樂老師：「他們看到我們會一起玩，應該很高興吧。」

意麵妹：「應該吧。」

儲笑了：「我覺得這樣很好耶。不知道為什麼，就是很好。有伴的感覺。」

音樂老師覺得這感嘆有好笑：「你們兩個不也是同事嗎？」指著知盛。儲轉頭看了知盛一眼，回給老師一個怪笑：「哈哈，不過是不熟的同事。他算長官啦。」

217

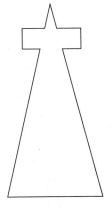

第十六密室

菜房

儲：「菜市場？」

音樂老師：「嗯，的確有點像。」

第四關，難度和前面一樣，但如果這關大家解得又順又快，下一關難度就會隨著你們的程度調升囉！衝吧！

這間密室已經鎖上，你要離開這間密室，必須做某些事。如果答案正確，門會打開。接著是與脫逃可能相關的密室資訊。

這房間的室內高度是三公尺，長寬都是十公尺，四面牆、天花板與地板均是草綠色的。這房間除了出入的唯一鐵門之外，並沒有其他門窗。你可以試圖撞門或破門，但那不是正確的破解方式。照明來自天花板的一支兩呎白光日光燈，空調則是來自門上一個十乘十公分的出風口。

在房間正中央的地板上，有十五籃食物，各籃分別是：高麗菜三顆、菠菜五斤、蕃薯葉五斤、A菜五斤、小黃瓜五斤、白蘿蔔十條、綠竹筍十支、冬瓜切片五斤、牛蕃茄五斤、苦瓜十條、豆乾五斤、素雞五斤、腐皮五斤、金針菇五斤，以及杏鮑菇五斤。此外，還有五個坐墊。

除了我所提到的條件之外，房間中所有其他細節，都與離開房間的方法無關。當然，你可以運用工具來幫助你查詢《莊子》的內容，因為只有《莊子》全書的內文線索，才能幫助你找到正確的脫逃方式。

儲：「這個一定不是要吃掉。」他也吃到某種人體上限了。

意麵妹：「我現在有點吃不下了。而且這些都沒辦法直接吃吧？」

音樂老師一出手就鎮住全場：「你們有注意到嗎？這關也是不用講理由，只要做對事，門就會開。我個人感覺這好像是市場。難道是要叫賣嗎？可是也沒有錢啊。有些人要演客人？那如果玩家只剩一個怎麼辦？」

意麵妹上工：「我查一下市場。」

儲無奈：「所以和吃的應該還是有關。可是這數量和朝三暮四又無關。」

音樂老師：「數量？這裡有十五，五，三，十。三的有一個，十的有三個，其他十一個都是五。一堆數字，想不出有什麼關係。」

意麵妹先做個當前敵情回報：「我查了市、賈、商，看起來都和這房間的東西沒關係。菜也查了，只有個顏回挑菜的，但一樣看起來沒關係。」

儲：「數字呢？」

意麵妹已經累了，卻還是很專注：「等等。三，看起來最有關的就朝三暮四，可是這邊沒有四。五有很多，我看一下。這些五嘛，當時五好像是常見的計數詞，五行、五德、五車，一大堆，但直接掃下來，感覺也沒特別相關的。十一和十五，也都沒啥。」

儲也累到沒啥想就接受結論：「看來老闆是選了特別無關的數字。」

音樂老師：「還是要避免我們想歪，所以特別挑無關的數字？」

儲的分類腦又開始動起來：「有可能。所以重點還是回到菜嗎？菜的分類？葉菜有四種，瓜三種，豆類製品三種，菇兩種，還有筍子、蕃茄，要怎麼算？」

音樂老師：「感覺也不是這個分法。而且這樣分，好像很執著，和莊子想要的不同。」

儲：「這整個是果菜攤啊。五個座墊，是照原本玩家數量去給的吧。嗯。坐著看菜攤嗎，還是？對了，我不太會去市場，我想問的是，菜攤會賣豆乾這類的嗎？」

音樂老師懂這個：「通常是不會，豆乾是另外一種攤位，會和豬血，甚至蜆仔一起賣。但比較小的市場，或是鄉下那種菜車，還是會一起賣喔！會有一攤就青菜豆乾什麼全都賣的。因為是素的。」

儲：「對！這些都是素的！吃素的！道家吃素嗎？」

音樂老師：「吃素的不是佛教嗎？」

意麵妹：「我知道了！我知道和什麼相關了！〈人間世〉有一段講吃齋和心齋的！」

> 顏回曰：「吾无以進矣，敢問其方。」仲尼曰：「齋，吾將語若！有而為之，其易邪？易之者，皞天不宜。」顏回曰：「回之家貧，唯不飲酒、不茹葷者數月矣。若此，則可以為齋乎？」曰：「是祭祀之齋，非心齋也。」回曰：「敢問心齋。」仲尼曰：「若一志，无聽之以耳而聽之以心，无聽之以心而聽之以氣。聽止於耳，心止於符。氣也者，虛而待物者也。

唯道集虛。虛者，心齋也。」

意麵妹：「這段是講說，顏回問孔子，有什麼讓自己進步的好方法呢？孔子說要『齋』，顏回說我很窮，所以本來就吃齋了，孔子說，我講的齋不是吃素，是要心齋，就是不要用耳，也不要用心去聽，而是要用氣去聽。氣就是虛，就是心齋。那這個房間除了沒有肉之外，也沒有一般吃素的人不吃的蔥薑蒜，所以這些菜，就是暗示玩家要從心齋的方法去想。我覺得是這樣啦！」

音樂老師：「有像喔！感覺好像真的是這樣。不過**心齋**到底是什麼？妳這樣講我聽不懂啊！」

意麵妹：「嗯這好像是莊子修練的最高境界，有點難。我再看一次哦！」

儲：「就算是最高境界，這老闆也不會是莊子，玩家更不是真的惠施，不會是用很難的方法來脫逃啦！這是難度B級的關卡耶。」

音樂老師肯定這種切入角度：「我也覺得會很簡單。心齋感覺有點難。等級太高。」

意麵妹：「我看說明，是說這個心齋，就是空虛，只做不得已才做的事，順應萬物變化的法則。嗯，我掌握不太到那種感覺耶！」

儲：「如果是要那種感覺的話，我覺得不難呀！我大概知道怎麼出去了。」

次頁解答

意麵妹：「你認為要怎麼做？」

儲：「妳剛剛不是說，不要用耳朵去聽，也不要用心去聽，要用氣，那氣是虛的。講到後來很玄，因為要怎麼不用心，改用氣呢？但我們前面過了那麼多關，我覺得概念一直都是忘我啊！忘我，不就是虛、順應自然？」

音樂老師：「有道理喔！但這邊忘我是要怎麼做？」

儲：「我剛剛有想過，是不是要坐在座墊上，打坐那樣，可是呢，這樣他們要怎麼判斷我們已經忘我，或是進入某種境界？看菜看到忘我？也很奇怪吧？所以我覺得，會是像我們之前一樣，聊天聊到忘我，忘記要脫逃！」

音樂老師：「嗯，可是這關沒有工讀生，我們要怎麼聊？聊什麼？感覺怎麼聊都會很刻意呀！而且，怎麼聊，都會聊到我們自己吧，什麼家庭啦，工作啦，都會有『我』耶。」

儲：「我是有一個想法啦，如果大家不反對的話。就是政治啦！政治是公共事務，有時是可以脫離自我來討論的。但是講政治，怕會傷感情啦！哈哈。」

音樂老師倒是很想開講：「沒關係啦！大家都很年輕，應該可以比較理性討論。ㄟ，這樣講好像對剛剛走掉的郭大哥不太尊敬吼？沒關係，反正他不在場，哈哈。我可以先講啦，我的政治立場和大多數年輕一輩的比較接近啦！哈哈。」

意麵妹：「我也是差不多的立場，哈哈。大家哈來哈去，這樣感覺好像是在講什麼很害羞的主題哦。」

儲像是投票一樣的舉手：「我也是差不多的立場。」

知盛：「我也是。」

儲：「喔幹，你突然開口嚇我一跳。我覺得談政治主題，比較容易進入忘我。但要談什麼具體的議題呢？」

音樂老師：「大家都是台北人嗎？台北市長選舉投誰？這個方便講嗎？我自己是投柯。」

知盛秒答：「我投柯。」

儲也是同樣立場：「我戶籍不在台北，如果在台北也會投柯。」

意麵妹：「我年齡那時沒到，如果能投也會投柯吧。」

儲：「啊都投柯，有什麼好討論？超級同溫層。」

音樂老師：「其實我想聊一個主題耶。我覺得，可能是因為媒體吧，那種很狂的政治人物，像狂新聞那種狂的，開始越來越容易選贏。不管好的或壞的。像柯文哲，川普，還有一些知名度沒那麼高，但很會講幹話的那種，也很容易勝選。這不知道是件好事，還是壞事呢？」

知盛主動插話：「休息室有一篇那個兩隻蟬的文章，應該就是講川普的。」

意麵妹：「ㄟ，講政治，你真的就活過來了。我覺得這沒什麼好事或壞事吧，就是民意決定這樣。反正他們不行的話，下次就掛了。」

儲也同意：「只要媒體還是保持同樣的狀況，不會被控制的話，那他們表現不好，下次就會被拉下來了。」

知盛：「不過有時候媒體也會助長某種狂的風格。」

音樂老師點頭：「我覺得，與其說是這些政治人物狂，不如說是媒體狂吧？是媒體的狂，造就這些政治人物越來越狂？」

儲指出一個更深刻的點：「媒體也是百姓在看的，媒體會變得這麼狂，應該也是百姓變得很狂吧？所以如果有一堆政治人物很狂，或許是代表百姓也狂。這就不是政治人物變狂好不好的問題，而是**百姓變狂好不好**的問題。但如果全世界都變很狂，那就相對沒那麼狂了。好像繞口令。」

音樂老師：「對，狂只是一種比較、相對的東西。所以政治人物狂，其實就是百姓狂，或說現在的百姓比過去的狂，一代比一代狂。所以這種政治人物並不奇怪，只是我們還不習慣罷了。或許久了就會習慣了，也可能將來會出現更狂的政治人物⋯⋯」

意麵妹：「ㄟ，門開了耶。沒想到政治那麼容易讓台灣人忘我。」

休息室

意麵妹問：「你說的就是這篇嗎？」

「對。」

《莊蚜．裝會篇》：狂人與王人

莊蜩與蟪施，是兩隻很有禪意的蟬。

蟪施：「古代的狂人多半是隱士，如果從政都混不久，隨即會被道德魔人當成暴君推翻。他們就算有很高的德行，也是常人所不能理解的啊，即便狂是一種自然，那又如何呢？今天的狂人，小的是歌舞藝人，老的是名人政客，廣獲眾人擁護，甚至成為一國之君，居於權位之上，享受一切的好處，言行又不負責任，這算是對的嗎？這又是自然嗎？」

莊蜩：「狂人是什麼呢？不狂的人，又是什麼呢？世界運作的基礎是大道，萬事萬物都順大道而行，違逆大道只會帶來痛苦。有人用自己的聰明才智生出了各種小道，謊稱這些小道是倫常、制度，要世人遵行小道，再罵那些遵行大道的人是狂人。這是古時的狀況，所以古之狂人常是有德之人，逃出國家社會之外，而成為隱士。今天的世界，大道與小道交錯，順行大道的人，有些成為隱士，有些則成為名士，外在的高位休息室與隱逸，行為的瘋狂還是沉穩，已經不足做為是否遵行大道的標準了。」

蟪施：「依你這樣說，那些爬上高位的狂人，他們行事乖張，動輒出言挑釁，居於大位卻有失基本的仁心，分不清公私，又有一群狂熱的支持者護航。依你上面的說法，這些人也可能是順行大道的人嗎？行為如此變化無常卻是大道，那我就真不知該怎麼教小孩了。」

莊蜩：「你這是陷入了小道的迷思，誤以為那是大道呀。狂與不狂，規矩與倫常，都是道，大道小道之別而已。執著於外在的行為，就看不見內心的自由，想要批評別人不隨規矩，就忘了自己沒反省過自身的堅持。不論是行止誇張的狂者，或不敢做事的狷者，都可能是在內心中真正順服大道的人，他們能穿透時空，常保自己真實的性情。相對來說，那些在意一時一地評價而遵守規矩的人，稱為「趴」，那些一心為了私利而瘋狂欺詐的人，叫做「貸」，趴貸之人，是最遠離大道的。你身為蟬，就順性鳴叫，人的狂與不狂，又與你何干呢？」

蟪施：「嘰～♫」

意麵妹：「所以老闆沒有特別肯定或否定川普這種人嘛！」

儲點頭：「就文章內容來說，好像是這樣，不過我認為他本人一定是很狂的人。不然怎麼會搞出這種明顯不賺錢的超渡莊子咧，蓋這個成本應該很高，要維持運作也不簡單。你看他一直供應吃的，根本就是大燒錢。」

知盛插嘴：「我覺得他本人是有一點自以為是，但都能說出一套理由。也不算是狂，反而有種深層的憂鬱。心事沒人知的感覺。」

音樂老師驚醒：「對！我也有這種感覺，我也覺得一路玩下來，可以感覺到老闆其實並不開心！他在找朋友！他在找真正能懂他的人！」

儲輕輕拍手：「沒錯，聽你們這樣講，我也懂了。老闆有錢，但是不快樂。他想要找逃出去的方法。他說不定把自己的每個內心困境都變成關卡了。」

音樂老師突然覺得冷：「哇喔，越講越憂鬱。這個密室脱逃感覺起來就像是鬼屋了。」

儲接了一句：「你不覺得**超渡莊子**這個名稱，認真想，會有點可怕嗎？」

眾人無語。那天花板上的孤單日光燈，看來特別的亮。

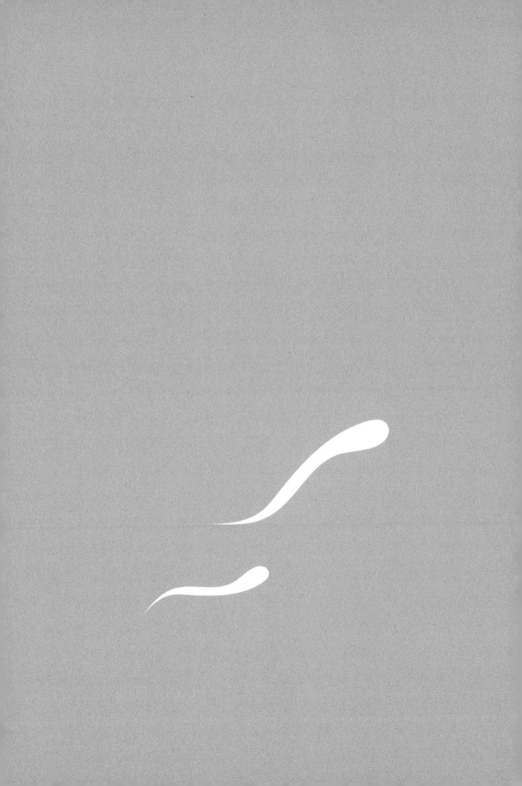

第十七密室　倆房

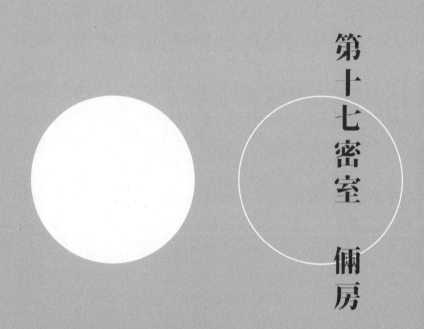

意麵妹拿手機給老姊看：「姊，時間差不多了吧。」

音樂老師：「好，這就是我們的最後一關。」

因為你們之前表現良好，所以難度上升囉！

這一間可是A級難度的密室呢！

這間密室已經鎖上，你要離開這間密室，必須做某些事，並且對著唯一出入口的門把低聲說明之所以這樣做的理由。如果答案正確，門會打開。接著是與脫逃可能相關的密室資訊。

這房間的室內高度是三公尺，長寬都是十公尺，四面牆、天花板與地板均是白色的。這房間除了出入的唯一鐵門之外，並沒有其他門窗。你可以試圖撞門或破門，但那不是正確的破解方式。照明來自天花板的一支兩呎白光日光燈，空調則是來自門上一個十乘十公分的出風口。

在房間裡，有兩位我的工讀生，分別是一男一女。請你們自由與他們交談，他們會分別告知一套脫逃的方法，你們必須選擇其中一種，並找到正確的理由。如果你們選擇正確的方法，但沒有找到正確的理由，門是不會開啟的。

這位女生是我們樂園最高薪的工讀生，因為她的外型、談吐與肢體能力，讓她同時也能勝任主持和表演的工作。而這位男工讀生是第一天到班的新人。

除了我所提到的條件之外，房間中所有其他細節，都與離開房間的方法無關。當然，你可以運用工具來幫助你查詢《莊子》的內容，因為只有《莊子》全書的內文線索，才能幫助你找到正確的脫逃方式。

請問，你要怎麼做，才能離開這間密室？

意麵妹直接倒坐地面：「最後玩的居然是鬥智的。但是我已經大腦衰弱了。無言哥，這關交給你好不好。」

音樂老師：「啊妳不是只負責查資料，這樣也會腦弱喔？」

意麵妹：「我也有動腦好不好！」

知盛：「嗯，這間我可以幫大家問問題。好嗎？」

儲：「好啊。」

音樂老師也點頭：「交給你囉。」

知盛走向工讀生面前，笑著微微鞠躬：「兩位請坐。我分別請教兩位，你們各自認為的脫逃方法，是什麼呢？請女士先回答。」

女工讀生：「我建議的脫逃方法是，各位千萬不要去碰門板，也不可相信我旁邊這位男同事的任何建議，不然會招來悲慘的後果。而真正的脫逃方法很簡單，只要你們對著門講出理由後，在地上閉目打坐一段時間，門就會打開了。」

男工讀生：「大……大家好。我喔，我記得我要講的建議，是那個，那個，請大家輕敲門三下，然後說正確的理由，只要講對，講對的理由，門應該就會開。還有要提醒各位，正確的開門理由，與輕敲門三下無關，要另外想哦。」

知盛：「你沒有要反駁女同事的意思嗎？像是建議我們不要相信她的話？」

男工讀生：「沒有喔。我也不知道耶，我覺得大家的意見都可以參考。主管叫我講的其實就是剛剛那樣，其他的我也不太清楚。」

意麵妹快躺平了：「啊，所以到底要不要相信這個男生的話，我真的腦弱了！」

音樂老師瞪她：「妳是吃太多血糖在升吧。這好像是什麼哲學問題之類的東西？」

儲也同意這樣的聯想：「對。『後面那句話是假的，前面那句話是真的』之類的鬼東西。但我覺得，還是要靠莊子解決吧？這會是和哪一章相關呢？莊子應該有很多邏輯類的東西？」

意麵妹驚醒：「對，很多像名家的東西，就是**堅白石**什麼的。要找一下。還是我找喔？」

儲拿出手機：「不然我找？」

意麵妹乖乖拿出 iPad：「我找啦，最後貢獻一下。ㄟ，爸有傳訊息，說他們慢慢往停車場移動了。」

知盛：「所以妳們馬上要走？」

音樂老師：「應該還好啦，就把這關玩完。」

知盛：「好，那這間我來解。我已經知道怎麼解了。」

「無言哥！你之前不出手，一出手就是秒殺，那~~麼厲害！」意麵妹馬上放下 iPad，不想查了。

知盛：「也要你們聽了覺得有道理，再來做。可以嗎？」

音樂老師：「當然。」

次頁解答

知盛開始長篇大論：「這邊有兩位工讀生，一位是非常高佻、漂亮，儀態談吐都非常得體的女士。另一位是看起來相對緊張，外表也比較不顯眼的男士。他們各自說了一套脫逃的建議。其實逃出去的方法就是二選一，所以方法上比較沒爭議，我們就思考理由就好。這大家同意吧？」

意麵妹：「你講話好有條理喔。」

知盛：「謝謝。如果大家沒意見，我就繼續。我們應該思考的是，這個房間的脫逃理由，是和這兩位所講的內容有關呢？還是無關呢？我直接講我的看法。如果和這兩位講的理由有關，那就會是邏輯問題，而且會有兩個邏輯問題。」

音樂老師：「兩個？」

知盛：「第一個邏輯問題，是這兩位講的內容，會有點矛盾，該怎麼解決這種矛盾？第二個邏輯問題，是男工讀生講的，解答的理由和敲門三下無關，該不該相信他？」

意麵妹：「嗯我腦弱的就是這種東西。」

知盛：「我先講我的結論，我的結論是，出去的理由和他們講的沒什麼關係，為什麼呢？如果女生講的是真的，那麼男生的話就不能聽。我們只要在地上打坐，然後想一個打坐的理由，像心齋或坐忘什麼的。如果男生講的是真的，那就是要輕敲門三下，然後講一個和敲三下無關的理由。所以男生的答案在理由部分是完全盲找，沒有線索，而女生有一個線索，就是打坐。但我們前一關才有類似打坐的情境，卻沒有坐，因為那種功夫太難，一般人現場沒辦法做到，所以我們用聊天來忘我。整理所有資訊，我認為這兩位給的建議，都無法指出理由的部分。」

意麵妹追問：「但這間房間也沒其他資訊耶。」

知盛：「還是有，就是這兩位的外觀和行為舉止。我想老闆一開始已經強調，大家也看得出來，這兩位在外型和談吐上都有明顯的差別。這位女工讀生看起來各方面都很正面、正向，相對符合社會的美學標準，也比較具有說服力，而男工讀生相對看來就比較普通，或者說不理想。」

儲：「我想從男生角度看過去，這種感覺更明顯。」

音樂老師也支持這種切入角度：「其實女性也會比較偏好女工讀生喔。我說外在部分。」

知盛：「不過你注意聽這兩位的談話內容，雖然女工讀生談吐非常優雅，但內容很有攻擊性、命令性。而男生的部分，雖然表達技巧不佳，卻讓人覺得很自然，比較容易接受。所以，我認為這很明顯與莊子的一章相關。」

意麵妹又拍手：「查都不用查就知道？你好強哦！」

知盛：「其實也還好，不需要特別記，就是和莊子內篇的〈**德充符**〉相關。德充符整章都在談人不可貌相，所以要『**忘形**』。莊子舉了非常多的故事，都是外表奇怪的人擁有很高的德行，而這個德行可以讓觀者忘記外在的部分。所以莊子肯定的是自然的內在。」

儲似乎覺得這立論仍不夠穩：「可是這樣程度的理由，就足以讓我們確定是聽男工讀生的建議嗎？」

知盛：「我認為還有一點輔助資訊，就是這個女生要我們打坐冥想，這會讓我們直覺想到『坐忘』這個很重要的莊子概念。但是在〈大宗師〉裡面所提到的坐忘，並不是真正坐下來忘掉一些事。」

意麵妹：「是喔？我查看看。」

顏回曰：「回益矣。」仲尼曰：「何謂也？」曰：「回忘仁義矣。」曰：「可矣，猶未也。」他日復見，曰：「回益矣。」曰：「何謂也？」曰：「回忘禮樂矣。」曰：「可矣，猶未也。」他日復見，曰：「回益矣。」曰：「何謂也？」曰：「回坐忘矣。」仲尼蹴然曰：「何謂坐忘？」顏回曰：「墮肢體，黜聰明，離形去知，同於大通，此謂坐忘。」仲尼曰：「同則無好也，化則無常也。而果其賢乎！丘也請從而後也。」

知盛：「這段是莊子以顏回的角色吐槽孔子，說顏回認為自己已達到坐忘的境界，但那坐忘並不是真的坐下來忘記什麼，而是離開形體，去除知識，與大道同，就是坐忘了。所以這位女工讀生講的打坐，和莊子本身沒有關係。就算後期道家發展出打坐，那也是另外的東西了。整體來講，女工讀生的講法可以完全排除，我們要出去的方法，就是男生說的敲門三下，理由就是，他雖然外形不佳，但本性比較貼合莊子所喜好的自然。」

儲：「那就照這套的試看看吧，反正如果不對，還可以換理由或方法。」

意麵妹拿著 iPad 站起來：「我查了『坐』，看來真的是像你講的那樣，莊子好像沒有打坐耶？你到底是誰呀？怎麼會這麼強？那為什麼之前不講話咧？」

音樂老師雖然心不在焉，但講了個知盛也認同的答案：「怕我們覺得不好玩吧。」

儲像主人般歡送兩位女士：「要不要帶一些吃的走？開車回去路上吃？」
音樂老師不敢動：「雖然沒說不行，可是真拿走，要恥力很強耶。」
意麵妹白眼：「拿了會怎樣？這裡有誰認識妳嗎？」
音樂老師：「啊這種行為不就很歐巴桑。好吧，那拿一點。……妳這樣叫拿一點喔？ㄟ，對了，無言哥你到底是做什麼的呀？」
知盛：「我是**專案管理師**。」
意麵妹怒睜雙眼：「我聽過這種工作！感覺很酷！」
儲代知盛說明：「他是我們公司的最高階的專案管理師，就是負責一個計劃，然後統籌各部門合作這樣。所以算是我的長官。」
意麵妹：「感覺好酷喔，不過怎麼會這麼懂莊子啊？」
知盛自己來回應：「不能算懂，就工作上有機會接觸到一點點。」
意麵妹：「才一點點就這麼厲害了，感覺像是讀本系出來的。」
知盛微笑的雙手合十：「我不是這方面的學系畢業的。」
意麵妹大笑：「感覺你好神秘，好像是有什麼任務在這裡。」

知盛：「哈哈。沒有任務，我也是來玩的。」
音樂老師歪頭：「真人不露相。開心就好。」
意麵妹：「這麼神秘，是不是就像牆上這篇講的？」
「牆上？這一篇嗎？」

《莊蚶．裝會篇》：隨機與心機

莊蜩與螄施，是兩隻很有禪意的蟬。

螄施：「人類的世界真是太可怕了呀！走在大街上，也會突然被不認識的人砍殺。這種隨機殺人事件，是現在人類心中最大的恐懼呀！比起那種存心害人的，這種隨機，看來是更加可惡了。」

莊蜩：「隨機，心機，也都是人心中的想像，一切都是自然而然，該會發生，就會發生。你能說隨機沒有心機嗎？你能說心機沒有隨機嗎？有意與無意，知與不知，主動和被動，又差在哪邊呢？」

螄施：「你這種說法，就沒道理了。隨機殺人之可怕，是根本沒有因果連結，卻因此受害吧？有心機而害人，是可以審視因果，而事先預防的。隨機殺人之惡，在於防不可防，無分利害關係，是把整個世界都放進自己的主觀想法之中，這是最自私的一種表現呀！你怎麼能說兩者沒有差別呢？」

莊蜩：「你還是有區分的執著呀。因與果，到底什麼是因，什麼是果？人們是否倒果為因呢？又是否因此錯失了真正的因果呢？影響人生的，只有大道，離開大道而自以為是，說這是心機，說那是隨機，又能證明什麼呢？今天說的隨機殺人，其實殺機早就在了，是誰讓殺機在無人察覺之處蔓生呢？認為原因就只是殺人者自身的判斷錯誤，那這種判斷本身，會不會又是另一個錯誤呢？是否因為這種錯誤的判斷，才會產生更多人命傷亡呢？人的錯之所以會一個疊著一個，就是因為隨意給事情安上因果，輕率的指稱那是隨機，這是心機。把悲劇說成那是隨機，這是心機，好像自己能掌握一切，這叫「盤」，若還硬要人接受他提出的解決方案，這叫「納」，在現在的人世之中，盤納實在太多了，明明只是誤事、被欺之人，還以為自己是智者，不是太可笑了嗎？你是蟬，就不要困在這種口舌之辯，專心當蟬，每天快樂的鳴叫吧！」

蟪施：「嘰～♫」

音樂老師怒了：「妳明明中文系的，結果是有閱讀障礙喔！這是講隨機殺人狂耶！」

意麵妹連忙解釋：「我的意思是心機啦！他都不講話，又懂很多，不就很有心機！」

知盛：「說不定喔。」

意麵妹轉頭：「說不定什麼？」

知盛：「隨機啊。說不定我隨便做什麼事，就把整個超渡莊子給終結了。」他說完，儲就忍不住偷笑。但那兩姊妹都聽不出男人的笑點。

音樂老師起身：「導覽員來囉，我們也要走囉。之後大家就用LINE群聯絡囉。」

意麵妹邊背包包邊向兩男揮手：「突然有點捨不得捏。」

音樂老師最後一次雙手合十：「真神奇。其實我也有像要畢業的感覺耶。難道人關在小房間裡太久，就都會變成朋友嗎。可是沙特不是說，這樣會變成地獄嗎？」

意麵妹怪腔怪調的：「超渡莊子真神奇，把地獄變好玩啦！大家快來呦。我講的好像廣告喔。就這樣，掰掰囉！兩位，有緣再相會。」

第十八密室
生死房

知盛：「死生，命也。〈大宗師〉。」

儲：「才進來就被你秒解決啊。太殘忍了吧。」

這一間依然是A級難度的密室。這間密室已經鎖上，你要離開這間密室，需要對著唯一出入口的門把低聲說明之所以這樣做的理由，並且做某些事。如果答案正確，門會打開。接著是與脫逃可能相關的密室資訊。

這房間的室內高度是三公尺，長寬都是十公尺，四面牆、天花板與地板均是黑色的。這房間除了出入的唯一鐵門之外，並沒有其他門窗。你可以試圖撞門或破門，但那不是正確的破解方式。照明來自天花板的一支兩呎白光日光燈，空調則是來自門上一個十乘十公分的出風口。

在房間的正中央，有三張感應卡，上面分別寫著「生」、「死」、「命」，玩家們需要取一張卡片至門口說明取卡的理由，並且感應開門。各位加總只有一次的機會，如果答案正確，門將會自動開啟，如果選錯卡或講錯理由，各位就會全數立刻被淘汰離場，並損失最後的大獎。

除了我所提到的條件之外，房間中所有其他細節，都與離開房間的方法無關。當然，你可以運用工具來幫助你查詢《莊子》的內容，因為只有《莊子》全書的內文線索，才能幫助你找到正確的脫逃方式。

請問，你要怎麼做，才能離開這間密室？

儲：「這就像是俄羅斯輪盤，那個拿槍對頭開的賭局，猜錯就完全出局。雖然看起來很兇，但感覺也是很快就會解決的一關。」

知盛：「嗯，我大概知道怎麼離開了。」

「你其實知道很多關的答案吧？」

知盛搖頭：「其實絕大多數都不知道。或說不記得了。」

「你一直都不講話，是怕一出手就全破了，還是希望其他人能玩得開心一點？」

知盛：「別把我想得那麼神奇。我只是這個在蓋這個設施時的專案管理師，不是設計師。我也是一路慢慢想，才想起來很多細節，還有猜出之所以這樣設計的理由。」

「那你們包這個超渡莊子，總共弄了多久？」

知盛：「一年三個月。前期規劃設計六個月，主體興建三個月，內部設計變更三個月，最後三個月試營運。」

「有變更設計過？」

知盛：「有，很多次。這老闆常有些新想法，一直加東西進來。不過後來取得執照，真的下去運轉的時候，就不是我們公司負責了。」

儲點點頭：「所以你覺得這設計得如何？加上改的部分？」

知盛：「我覺得他們有越改越好。雖然我們公司只負責硬體，不知道他們軟體是怎麼弄，但我一路下來，覺得他們有越改越好。更合理了。這是會成長的遊戲。」

儲：「我一直在想一個問題，這個門，本身就是整套的收播音裝備嗎？你們是哪買的。」

知盛：「這個門是特別做的，是在普通鐵門板裡面，另外裝了收音和播音的設備。」

儲很驚訝：「特別做的？不是現成的？」

知盛：「對。老闆的要求。他不希望房間有太多和解題無關的東西。就盡量減少，做成內嵌或內建的。他該花錢時也是很肯花。花在刀口上吧。」

儲：「可是這日光燈還是普通的，沒有做成嵌燈。」

知盛：「這其實和一般日光燈也不太一樣。他好像很喜歡這種燈。不只這裡，這整個樂園都是同樣的特殊型號。非常亮。」

儲繞了房間一圈，還是好奇的追問：「你是怎麼忍住不講的？沒講這邊是你蓋的。如果是我，我一定會想炫耀，就像看過電影的人，在別人不知道的狀況下，都會很想爆雷，來裝先知。就像搭時光機回到過去的人一樣，都知道答案了。」

知盛笑了：「因為我也不知道很多關的答案，怕講了之後，反而害了大家。另外，我覺得你和那兩個女生觀察力蠻強的，不需要特別提示，所以就沒講了。」

儲：「好吧。那我們來解這關吧。我沒有想法耶。你剛剛說是〈**大宗師**〉？你蓋的時候知道的？」

知盛：「雖然蓋的時候裡面還沒有放道具，但我看過這間的3D示意圖。每一間的原始設計，我都有看過。那時有去查這是什麼意思，所以知道是〈**大宗師**〉。」

儲：「那你知道答案嗎？」

知盛：「以前不知道，現在應該知道了。」

次頁解答

儲：「所以是選哪一張？」

知盛：「選哪一張都可以。」

儲：「真的？他不是有說選錯也不行嗎？」

知盛：「如果是依〈**大宗師**〉的概念，那生，死，命都是沒差別的，三個一樣，順其自然。這一關的密室，是因為人對失敗、淘汰的恐懼所蓋出來的，所以不怕輸，就無敵了。」

儲：「所以理由呢？就是你講的這一些？」

知盛：「我認為如果要講，還可以更簡單，就是沒有理由。要順其自然，就會連『順其自然』這話都不該講出來，而是隨道而行，該怎樣就怎樣。」

儲：「有道理耶，不愧是這個專案的老大。所以〈**大宗師**〉整篇是什麼意思？」

知盛：「細節我忘了，但整體上來說，這章是講**『道』是萬物生死運作的大宗師**，人也應該以道為大宗師。生死都是命，但命也不是最終的答案，真正的答案還是道。」

儲：「所以要試著過關了嗎？反正輸了就算了，我有點想回去睡覺了。」

知盛：「的確，輸了就算了。但我的答案應該是對的。」

知盛取走「生」的那張卡，對著門板說：「我選擇生。理由呢，是我想看看死。」然後以卡感應握把。

儲正驚訝於知盛講了不同的理由，門已跳開。Rita進來，笑盈盈的說：「恭喜你們，這是正確答案和理由。」

儲：「我要離開了。可以告訴我最後為什麼改答案嗎？」

知盛：「就是突然有種靈感，覺得生就是死，輸就是贏，什麼都倒轉來想，就有機會出去。反正就算講錯了，你也要回去了嘛。輸了就算了。」

儲：「真豁達，說改就改。不過這樣講，也有道理。答案是隨便，理由也應該是隨便。認真的講什麼道理，反而就不對了。」

知盛：「老實說，莊子不就是該這樣嗎？」

儲：「執著的人，應該還是無法接受吧，總覺得應該有個明確的標準答案在那裡。那，長官，我這就先回去休息了。對了，順帶一提，這次員工旅遊完，我就要離職了。」

「喔，是嗎？是有其他發展嗎？」

儲笑了：「我是倉儲課的，卻不在倉庫那，你不覺得奇怪嗎？」

「是很奇怪。」知盛沒想到這點。

儲：「因為我和其他人不合，所以被貶到總公司當聯絡員，做起來當然就沒意思了。」

「方便說不合的原因嗎？」

儲：「其實也不是他們的問題，是我出身領域和專長差太多，所以一直難以溝通。」

「嗯，我現在想起來，我每個案子都和你們課有聯絡，不過都不是和你。」
「這就是問題，不是嗎？我明明是在總公司當聯絡員的人。就這樣吧。我先走了。」
「也順便告訴你吧，不久之後我也要離職了。」
儲反而更驚訝：「為什麼呢？」
「倒沒什麼不愉快，只是想做一些自己喜歡的事。」
儲：「那要恭喜了。」
「謝謝。」
儲：「所以今天，算是來看自己工作的成果嗎？畢業巡禮的感覺。」
「可以這樣解釋吧。」
儲：「說真的，我們今天五個人，好像都有一些秘密。」
知盛點頭同意：「或者說，人心都是密室。一間一間的。」
儲：「哈哈，所以可以用莊子逃出去嗎？今天有人逃出去嗎？」
「好像有，也好像沒有。」
儲：「嗯，那兩姊妹，似乎到最後也沒說真話。或許彼此之間，還是有不能講的秘密。」
「他們兩個都害怕和對方溝通，但在陌生人面前又必須溝通。妹妹逃無可逃，所以選擇一直吃，和低頭查資料吧。姊姊則想盡辦法親近妹妹，甚至學她講話。他們一直試圖演好姊妹的角色。演給自己看，演給對方看，演給外人看。」
儲：「真辛苦，所以他們算是沒有脫逃成功吧？還是希望在外人面前看來像是一家人。

滿足社會的期待嗎？因為上一代的矛盾，所以這一代要努力化解？」
「說不定上一代沒什麼矛盾。他們可能也是卡在自己的想像吧。自己給自己的壓力。他們不但沒有逃，反而逼自己走得更裡面。」
儲：「我覺得，只是我覺得，如果真的很辛苦的話，就不要裝了。不用企圖演得很像好姊妹，直接當陌生人，不好嗎？」
「也許他們一離開這邊，又變成另一種樣子。」
儲：「對，沒了我們，也就沒人知道他們在這發生什麼事。也許在父母面前，又是老樣子吧。姊姊回去工作，妹妹回去大學，又變成原來的樣子。」
「在密室間來來回回，覺得自己逃出來了，卻又只是進到新的密室，或是回去舊的密室。這樣背後講人壞話，好像不太好。」
儲大笑：「怕講人壞話，這又是另外一種執著了。那郭大哥的密室又是什麼呢？」
「是虧欠妻女的遺憾吧。說真的，你覺得，他家人真有一起來嗎？」
儲：「不重要了吧。我覺得大哥逃出去了。我覺得我們之間的互動，有讓他想到一些什麼，那是我們不會知道的部分。他表面不講，但是他應該找到能讓自己做決定的那個動力了。」
「嗯，他沒用家人當理由，但他會去找他家人的，或做他自己真正想做的事。」
儲點頭，看了手機：「我要走了。你要玩下去嗎？」
「我還有幾間想看一看。」

儲：「像是最難的密室嗎？」
「可以算是。是當時我一直想不通的房間。」
儲：「我懂。不見得最難，但是自己忘不了的。」
「謝謝。」

第十九密室　蝦房

Rita：「請問這就是您剛剛指定的那間嗎？」
知盛：「沒錯。」
Rita：「原來這是您設計的。感謝您的創意，我們才能有這份工作。」
知盛：「不是設計，我只是執行。不過從一開始到現在都是妳在導覽，工時會不會太長？」
Rita：「我的班是一點到九點，中間休一小時用餐。所以還好哦！」
知盛：「還好？感覺怪怪的。」他笑著送走了她。

這一間是A級難度的密室。這間密室已經鎖上，你要離開這間密室，需要做出正確的行動，並對著唯一出入口的「門把」低聲說明之所以這樣做的理由。如果答案正確，門會打開。接著是與脱逃可能相關的密室資訊。

這房間的室內高度是三公尺，長寬都是十公尺，四面牆、天花板與地板均是水藍色的。這房間除了出入的唯一鐵門之外，並沒有其他門窗。你可以試圖撞門或破門，但那不是正確的破解方式。照明來自天花板的一支兩呎白光日光燈，而為了場地設計與自身維修需求，它並不是設計在中央，而是往前在靠門之處。空調則是來自門上一個十乘十公分的出風口。

在房間的正中央地上，有一個長寬高都是五尺，上方開口的強化玻璃立方體大水族缸，裡頭已經裝滿水。而五尺缸內的正中央，還有一個長寬高都是四尺，同樣是上方開口的強化玻璃立方體水族箱。當然你可以看到，四尺缸裡面，還有三尺缸，三尺缸裡頭還有兩尺缸，兩尺缸裡頭，還有一尺缸。

因為高度關係，當五尺缸注滿水，這些裡頭的缸也都自然會充滿了水，但又因為自身重量關係，每一個內缸都是沉底，並保持在中央位置。請注意看，在這組水族缸裡面，有一隻小蝦正在悠游。這缸對牠來說是大若宇宙的空間，但其實只是一個毫無生氣的牢籠。

在缸之外，還有以下的工具：一個500cc小鋼杯，一個柄長三尺的細目撈網，一個八尺A字鋁梯。

除了我所提到的條件之外，房間中所有其他細節，都與離開房間的方法無關。當然，你可以運用工具來幫助你查詢《莊子》的內容，因為只有《莊子》全書的內文線索，才能幫助你找到正確的脫逃方式。

請問，你要怎麼做，才能離開這間密室？

知盛記得，這個底部的承重，也是花了段時間解決。因為會有受力不均的問題，玻璃缸直接疊上去時，底部的玻璃可能會碎裂，所以他們還用了一些緩衝墊材。知盛蹲下來查看當時的改良措施。看不太出來了。

「要先找蝦嗎？」才要查看，又想起另一件事。他蹲下，沉思良久，決定先無視那蝦。

他拿起鋼杯，細看其構造。和軍用的款式差不多。有這杯子，和那網子，還有梯子，是暗示玩家要站上去，把蝦撈出來嗎？為什麼呢？撈出來，又能放去哪？蝦在最裡面的缸，或在最外面的缸，有差嗎？又差在哪？放在鋼杯中呢？好像對蝦是更悲慘的狀況了。

像是蝦的密室。

莊子中提到有蝦嗎？

知盛最早看到這房間的資料時，他還以為放的是魚。或許企劃資料上有寫是蝦，但他沒注意到，跳過了。只好打開手機搜尋。

知盛自己查，才發現那小妹查的速度真是快。或許因為她用的是平板，比較大。

莊子沒有「蝦」。「魚」倒是很多。「池」看不出有相關的，「澤」也沒有讓人能生出特別想法的部分。

等等。

知盛貼近缸找蝦。但並不難找，那「小蝦」比他想像得大多了。大到一眼就可以發現，牠正在缸底爬行。在最裡頭的第一缸缸底，隔了那麼多層的玻璃，還是清晰可見。

知盛發現那似乎不是蝦。而被用來當成寵物的「三眼恐龍」，有著盾牌狀的頭，如蟲一般的尾。那不是一般的蝦，更像是蟲。知盛癱坐在地上滑手機，再望著那蝦，陷入冗長的空白。

然後起身走向門口。

次頁解答

知盛對著門板説：「先講理由可以吧？」

「請説。」

「這關解題的線索，出處是〈田子方〉，裡頭有一句『水生之蟲不疾易水』，意思是水生的蟲不怕在各水池中移居，因為雖然水池之間略有差別，但一樣都是水。這房中的蝦差不多也是這樣，在各缸游來游去，但其實哪一缸都沒有差別，是通的。這個故事是在説，人的喜怒哀樂，都是小變化，不需要太在意，只要掌握大道，就是成為『至人』的方法。」

「那和脱逃有什麼關係呢？」

「如果我把那蝦從水中撈出來，還是只能放在鋼杯中罷了，對牠一樣還是水，還是一樣被關著，還是一樣，只有上方是開著，對吧。」

「對的。」

「其他都一樣，但上面是開著，所以可以移動來移動去，但也可能迷失方向，困在自己原本可以逃走的地方。就像這蝦，如果不知道往上游可以出去，他可能一直困在原來那缸的缸底。所以，我認為正確的脱逃方法，就是從上面出去。但我不記得這房間的天花板是能打開的，所以我想，你們應該是在天花板的燈上面，放了些什麼東西。」

「是什麼呢？」

「這就要試看看了。」

知盛將鋁梯抬至最接近日光燈的下方，然後攀爬而上。這時他才理解，原來蓋的時候把日光燈移偏，不只是為了避開水缸以方便維修。

他找到了。是一行寫在燈座邊邊的小字。

「撈網底端是開門的感應卡。」

休息室

知盛說：「我再玩一關就好。」
Rita：「是的。想請問您想要玩哪一關呢？」
知盛：「有一間我一直不懂的，就是那個門關上，燈會連動關掉的。」
Rita：「對，的確有。開幕後，那間就一直在調整呢，只要有人過關，老闆就會調整玩法。應該變成最難的一關了吧？」
「就那關吧。還有，小姐，我順便問一下。其實每間房中，都有藏文字版的解答吧？」
「對的。可是多數人不會注意到。」
「日光燈嗎？不然老闆為什麼一直提**唯一的照明**呢。」
「這個無可奉告。」Rita 甜甜的一笑。

第二十密室

莊子之死

「對，就是這裡。好久不見。好久沒來。」

歡迎來到這間難度最高的密室，這是連續通過S級密室的人，才能享有的榮耀待遇！這可以算是超S級的關卡，如果你能解決這關，後面的關卡根本就是易如反掌！但這一間密室，也可能讓你直接從遊戲中出局，請小心你的每一個行動！

這間密室已經鎖上，你要離開這間密室，需要做某些事。如果答案正確，門會打開。接著是與脫逃可能相關的密室資訊。

這房間的室內高度是三公尺，長寬都是十公尺，四面牆、天花板與地板均是黑色的。這房間除了出入的唯一鐵門之外，並沒有其他門窗。你可以試圖撞門或破門，但那不是正確的破解方式。照明來自天花板的一支兩呎白光日光燈，但門關上之後，燈光將會自動熄滅，也就是室內將變為全黑的狀況。空調則是來自門上一個十乘十公分的出風口。出風口可能透入外面極為微弱的走廊燈光。

在房間的正中央有一張鐵桌，上面有以下的道具：固定在小托盤的紅蠟燭一支，已裝妥柑橘精油的香精油燈一支，打火機一支，香腸三根，裝了一公升水的水桶一個，照光後就能發光一段時間的彈力螢光球一顆。

提醒一點，如果做出正確的行動，不需說明理由，門就會自動打開，導覽員將會帶你離開。但如果你做出錯誤的行動，房間的日光燈將會亮起，也代表你挑戰失敗，必須直接離場。

除了我所提到的條件之外，房間中所有其他細節，都與離開房間的方法無關。當然，你

可以運用工具來幫助你查詢《莊子》的內容，因為只有《莊子》全書的內文線索，才能幫助你找到正確的脫逃方式。

請問，你要怎麼做，才能離開這間密室？

門關起，就只有螢光球發出微弱的光。

「和最早的企劃，差蠻多的呢。」

知盛在原地輕輕坐下，像是怕驚動什麼存在於黑暗中的東西。他有手機，但他認為，或許製造任何的多餘的光線，就會被判定失敗。

這應該是個光明與黑暗，是與非的邏輯遊戲。就像開關一樣，或說是一連串的開關，開錯了一道，就輸了。

蠟燭、香精油燈、打火機、香腸、水桶、螢光球。排列組合嗎？

可以燒或不能燒？熱或冷？會不會發光？還是要用某種順序，組合這一切？

用打火機去點蠟燭，用蠟燭去烤香腸？其他的呢？用螢光球去找打火機，用打火機去點蠟燭，用蠟燭去烤香腸？

重點是，為什麼這樣做？這和莊子有什麼關係？而且如果不能開手機，要怎麼查莊子的章節？

知盛突然想起門上的出風口，他將手機湊往那葉片縫中透出的光。果然比手機的光更亮。他打開手機，開始搜尋關鍵字。

找了一段時間，卻沒有任何線索是有關的。他回頭去思考前面已經想過的問題。

可以燒，或不能燒。可以燒的居多。在黑暗房間，那燒下去就會有火光。

會發光的居多。

打火機可以點火，會有光，會有熱。

蠟燭可以燒，會有光，會有熱。

香精油燈可以燒，會有光，會有熱，還會有氣味。對了，蠟燭也會有點味道。

香腸可以燒，會有光，會有熱，還會有氣味。還可以吃。

水不能燒，不會有光，但或許能反光。不熱不冷，也沒有氣味，或許可以喝。

螢光球不能燒，有光，不熱不冷，也沒有氣味。不能吃。

這些性質有什麼共通性？好像都沒有重疊。有些可能性很多，有的很少。

知盛突然想通了一點點。這有一種排列順序。

水，什麼都沒有。

螢光球，有光。

打火機，有光，有熱。

蠟燭，有光，有熱，有氣味。

香精油燈，有光，有熱，有更強的氣味。

香腸，有光，有熱，有很強的氣味，還可以吃。

後三種好像沒什麼差異。還是有什麼漏掉的？可能有什麼物理現象或化學變化漏了。真難。知盛又轉回出風口旁。外頭正好有員工走過。光影，還有腳步聲。

知盛想到了。「是聲音。」

用打火機點蠟燭，蠟燭去烤香腸。有光，有聲音，有氣味，還可以吃。這是最多的。但這和莊子有什麼關係？

他匆忙回到出風口旁滑手機。猛烈灌進來的冷氣讓他皮膚一緊。是氣壓式循環系統。當初老闆說不要有風管，所以做了這套怪異的通風系統，讓走廊變成風管。不想讓人有管子可以逃跑吧。然後灌進來的風，會從房內牆腳的排水孔路出去。

出去。啊。每間的脫逃答案，會不會就藏在各自排水孔路裡？現在一片黑，也沒辦法開手機去看了。

回頭想吧。這房間和莊子有什麼關係？

如果房間中有「光」、「聲」、「香」、「味」的話，莊子有一段很接近的，是〈**盜跖**〉的：**「目欲視色，耳欲聽聲，口欲察味，志氣欲盈。」**少了香氣。

香氣啊。知盛突覺得有點累，於是坐下。但才坐下，又想出一組關鍵字：「目」、「耳」、「鼻」、「舌」。又站起來找。

分開來看，好像沒什麼，但〈**天下**〉章有句「譬如耳目鼻口，皆有所明」。顯然有個字挑錯了。

「但就算是耳目鼻口，也好像沒有直接相關的。」不過感覺很接近真正的答案了。

時間流逝。如果做錯會立刻淘汰，那麼他現在連「該做些什麼錯事」都想不出來。

還是隨便做做？

看白話譯本？對，白話。知盛滑著白話版本的莊子，從〈**逍遙遊**〉看起，一章章的往後。

幾分鐘過去，出現完美對應的一段話。

次頁解答

解

南海之帝為儵，北海之帝為忽，中央之帝為渾沌。儵與忽時相與遇於渾沌之地，渾沌待之甚善。儵與忽謀報渾沌之德，曰：「人皆有七竅，以視聽食息，此獨無有，嘗試鑿之。」日鑿一竅，七日而渾沌死。

是〈應帝王〉的最後。七竅，就是七個洞，眼二竅，鼻二竅，耳二竅，口一竅。渾沌沒有眼鼻口耳，北帝和南帝好心幫他鑿開，於是渾沌就死了。這房間一片黑暗，就是渾沌了。只要創造出色、香、味、聲，就可以突破這個渾沌了吧？理論上門就會開了。

最直接能帶來這四種效果的，就是去烤香腸來吃。雖然用蠟燭烤，味道可能會怪怪的，但只要烤一小節，只要滋滋有香味，而且能吃下去，就能過了吧？

是這樣嗎？

不對。應該正好完全相反。渾沌是因為開了七竅才死的，如果這四種效果都有，那就「死」了。

所以是開到六竅？不要「口」？那之所能脫逃的理由是什麼？依莊子原文的道理，「開竅」本身就是壞事，應該完全不開才對。

所以要無聲、無光、無味、無嗅，在黑暗中做一些事？

知盛知道天花板的日光燈旁邊，有個消防用的煙霧偵測器，還有一個全方位的監視鏡頭，只是和脫逃無關，所以老闆一直沒提及。所以自己做什麼，他們應該是知道的。但這麼暗，除非是使用能補光的特殊攝影機，否則也是看不清楚。這老闆沒買這種東西。一開始的時候沒有。

那他們很可能無法判斷玩家在黑暗中的多餘動作。所以要過關，很可能不是靠黑暗之中的動作。這樣，開竅不對，不開竅也不對。

真難。

還是員工的話中有線索？她好像說，老闆會一直調整難度，只要有人過關，就會再改。所以現在看到的場景，是從來沒人試過，或是試了也沒過關的？

這種最麻煩了。前面的強者，會不斷墊高這裡的難度。所以邏輯上的行動可能，看來都已被老闆堵住了。這難度或許高到自己的能力不可解決。

知盛想起另一件事。S級的題目，會和兩個章節相關。如果現場的工具讓人想到〈應帝王〉，那還有一個章節，是什麼呢？或好幾個章節？如果是惠施，碰到這種沒有選擇的狀況，他會怎麼辦？

在莊子書中的描述裡，惠施永遠都輸給莊子，甚至也比莊子早死。但在真實的世界，兩人應該是有勝有負吧。惠施如果會贏，是贏在什麼地方？

知盛把對於惠施的記載，看了一輪。〈天下〉章的最後，看來是莊子對惠施最沉重的打擊。〈應帝王〉是《莊子》內篇最後，〈天下〉是全書最後，最難的梗出在兩個最後，真是有意思。

然惠施之口談，自以為最賢，曰：「天地其壯乎！」施存雄而無術。南方有倚人焉，曰黃繚，問天地所以不墜不陷，風雨雷霆之故。惠施不辭而應，不慮而對，遍為萬物說；說而不休，多而無已，猶以為寡，益之以怪。以反人為實，而欲以勝人為名，是以與眾不適也。弱於德，強於物，其塗隩矣。

由天地之道觀惠施之能，其猶一蚉一虻之勞者也，其於物也何庸！夫充一尚可，曰愈貴，道幾矣！惠施不能以此自寧，散於萬物而不厭，卒以善辯為名。惜乎！惠施之才，駘蕩而不得，逐萬物而不反，是窮響以聲，形與影競走也。悲夫！

惠施講了一堆，卻沒有追尋大道，到最後也只是悲劇一場。知盛現在的處境，不也是這樣？這是老闆設局的用意嗎？

但老闆是人，不是莊子。他應該也沒有參透什麼大道，不會有莊子的境界。他之所以對這房間一改再改，單純就是想贏吧？贏過所有玩家？所以這關根本沒有標準答案？

不太可能。想贏卻境界不夠的人，還是會設下一個標準答案，這個標準答案是用來證明自己很行的。他還是有執著，心中有勝敗。

老闆啊，我們第一天見面，就在對決了，不是嗎？

我可是你第一批的客人喔。

或許是第一位客人。

知盛決定了答案，轉頭對著門板說：「哈囉，在嗎？」

「喔！在！有什麼問題嗎？還是要解題？」

「嗯，聽你這樣講，我就更篤定了。」

「嗯？」

「我放棄挑戰。」

經過無聲的三秒，鐵門鎖跳開。燈沒有亮。

Rita帶著一干看熱鬧的員工擠在休息室：「先生！您是上上週改版以後，第一個過這關的！真的不玩下去了嗎？還有一個小時！不過不是由我服務了，我要下班了，但我的同事會接手。」有一個看熱鬧的舉手了。看來就是他會接班。

「不玩了，謝謝，就下班吧。就和妳同時下班囉。」

「可以請問您是怎麼知道這間的過關方法嗎？」

「老闆要問的嗎？」

「不是，是我個人好奇。」

「嗯，大概可以分成兩個方面吧，第一個，就是這一關所有的工具都會導致立刻失敗的後果，而且在黑暗中做再多事，你們也可能看不到。無計可施之下，多數人會選擇亂試，但我想莊子本人，應該會選擇放棄吧。大道是有用也沒用，撐不下去就放棄，這不就是道家要的自然嗎？所以到最後一刻，如果玩家還是堅持當惠施，就會輸的。」

「所以你認為引用的章節是？」

「〈應帝王〉的最後面，和〈天下〉的最後面。很剛好，就內篇最後，和雜篇的最後。當然，其實〈天下〉章的最後，那講邏輯的部分，已經把可能性玩遍了，要怎麼轉到大道上，我其實不是很有把握。」

「嗯。」

「但是我在門口問妳時，妳嚇了一跳，反問我是不是要解題，我就想起老闆廣播有說，這一關是不用說明理由的。妳會這樣問，很可能因為脱逃方法，就是要講些什麼。在什麼都沒有的狀況下，能講的，當然就是放棄了。」

「雖然放棄，但卻贏了呢！」

「這很莊子，不過冷靜想想之後，真正的惠施來玩，說不定也會這樣想吧。你們老闆還會再想辦法改版嗎？」

「看他囉，這不是我們小小員工可以決定的。或許他知道是當初設計師破解的，說不定就不會再改了吧？」

「我不是設計師，比較像是監工。不過我認為，他如果知道是我破解的，他一定會再改進的。」

「然後您會再來破嗎？」

「不知道，也許下一個工作會很忙，忙到忘記這件事。」

「希望您也會記得，該放棄時就放棄囉。」

「放棄工作？放棄這個遊戲？好像都很有道理呢。大家開心就好。今天妳辛苦了。」

「您也辛苦了。要不要帶一點休息室的東西回去吃呢？不帶白不帶，反正到結束營業時，很多都會丟掉。很可惜呢！要帶嗎？」

「這樣一問，感覺就回到真實世界裡了，真好。不過，謝謝，我不用帶，謝謝。」

「那就謝謝您今天的惠顧，由我帶您離開。」

「喔不用了，我自己知道怎麼出去。」

「對喔。不過，你真的知道怎麼出去嗎？」

緣社會
012

超渡莊子

策劃：夢田文創
作者：周偉航、周于婕
封面題字：許德民
美術設計：鄒柏軒
編輯助理：周愛華

總編輯：廖之韻
創意總監：劉定綱

法律顧問：林傳哲律師/昱昌律師事務所

出版：奇異果文創事業有限公司
地址：台北市大安區羅斯福路三段193號7樓
電話：(02)23684068
傳真：(02)23685303
網址：https://www.facebook.com/kiwifruitstudio
電子信箱：yun2305@ms61.hinet.net

總經銷：紅螞蟻圖書有限公司
地址：台北市內湖區舊宗路二段121巷19號
電話：(02)27953656
傳真：(02)27954100
網址：http://www.e-redant.com

印刷：永光彩色印刷股份有限公司
地址：新北市中和區建三路9號
電話：(02)22237072

初版：2017年9月 2日
ISBN：978-986-95387-0-1
定價：新台幣350元

國家圖書館出版品預行編目(CIP)資料

超渡莊子 / 周偉航、周于婕著. -- 初版. --
臺北市 : 奇異果文創, 2017.09
面 ; 公分. -- (緣社會 ; 12)
ISBN 978-986-95387-0-1(平裝)

1.(周)莊周 2.莊子 3.學術思想

121.33 106015308